Paroles de Chamane

Illustrations: Paching Hoé Lambaiho
Illustration de couverture : Paching Hoé Lambaiho
Couverture : Paching Hoé Lambaiho & Marie Chieze

Paroles de Chamane

50 citations de
Paching Hoé Lambaiho

Interprétées par une Psychiatre

Marie Chieze

Livre I : La Conscience

Illustrations de Paching Hoé Lambaiho

Édition 2024

Doute de tout ce que tu crois et cherche,

c'est là qu'est la vérité.

TABLE DES MATIÈRES

5

Introduction

Lorsque je rencontre Paching Hoé Lambaiho[1] pour la première fois, j'ai 34 ans. Je suis psychiatre, cheffe de clinique et chercheuse aux Hôpitaux Universitaires de Genève. Je bénéficie d'une solide formation en psychothérapie, en psychanalyse jungienne et en philosophie. Une question me hante quotidiennement depuis plus de dix ans : « Quel est le sens de ma vie ? ». Cette incertitude permanente m'empêchait de trouver une véritable satisfaction et un bonheur authentique dans ma réalisation.

J'ai longtemps cherché des réponses, exploré de nombreuses sources en quête de lumière, dans la lecture des maîtres spirituels, auprès de mentors qui pourraient éclairer mes interrogations. Cette aspiration vitale n'a fait qu'accentuer mon mal-être, qui s'est intensifié au fil des années. À notre première rencontre, j'étais à bout de forces, épuisée, au bord du gouffre.

Paching Hoé a répondu à ma question existentielle avec une simplicité qui m'a déconcertée :

« Ta mission, en tant qu'incarnation de ton âme sur cette terre, est de quitter cette vie en ayant progressé, de devenir une meilleure personne, de te rapprocher de ton Créateur. C'est ce que l'on nomme l'Évolution de Conscience.

Tu n'es pas malade. Regarde ta réalité, et relève-toi. Mesure ce que tu as accompli, souris à la vie, sois fière de toi, de ce que tu as fait, et ne crains pas ce qu'il te reste à réaliser. »

Ces mots clairs ont résonné en moi comme une évidence, un rayon de lumière dissipant les ténèbres.

La réalité de mon existence devenait simple. Les réponses partielles que j'avais accumulées au fil des ans semblaient soudainement

---

1 Communément appelé « Paching Hoé » pour plus de simplicité.

former un tableau cohérent. Les pièces du puzzle s'assemblaient, dessinant une image complète. Le sens de ma vie était un cheminement vers une compréhension plus profonde de moi-même et du monde.

Chaque lutte, chaque défi sur ce parcours se transformait en une opportunité de croissance, donnant une signification nouvelle à la quête incessante d'amélioration. Persévérer valait la peine, car ces épreuves me permettaient de grandir, de façonner ma vie à l'image de mes aspirations. Cette perspective m'apaisait. Envisager l'existence comme une expérience pour devenir une meilleure personne me menait vers un sentiment de sérénité et de contentement durable. Je réalisais que le bonheur n'est pas un état inné ou une destination lointaine, mais une volonté qui se crée, grâce au travail sur moi-même, sur mes croyances, sur mes relations avec les autres, et mon interaction avec le monde.

Ce premier enseignement de Paching Hoé éveillait ma curiosité. Je ressentais le besoin d'approfondir la complémentarité de nos deux mondes : le chamanisme, fondé sur la spiritualité et les sagesses ancestrales, et les sciences modernes dont j'étais issue. J'avais le sentiment d'être en mesure de comprendre son enseignement et la portée de ses connaissances. Ensemble, nous avons commencé à tisser les fils d'un dialogue entre « le monde des psy— »[2] et les sagesses anciennes, explorant comment chaque perspective pouvait enrichir et éclairer l'autre.

Au cours des deux années et demie qui ont suivi, j'ai assisté à de nombreux entretiens, à la fois avec des patients et des élèves. J'ai pu observer la manière dont Paching Hoé guide les individus sur un

---

2   Dans cet ouvrage, nous parlerons des « psy— » au sens large, regroupant les professionnels des soins psychiques : psychiatres, psychologues, psychothérapeutes, psychanalystes. La connaissance du monde de la psyché et de l'accompagnement des personnes est la caractéristique commune de ces professions, c'est cet aspect qui nous intéresse ici.

chemin de libération intérieure et d'introspection. Je l'ai vu mettre son savoir au service des autres, apportant son soutien sans réserve. Cette générosité m'a marquée. Paching Hoé encourage chacun à embrasser le changement, à devenir acteur de sa propre vie et de son bonheur.

Cette période de collaboration m'a également révélé les similitudes entre le travail d'un « psy— », et celui de Paching Hoé. Tout comme le « thérapeute moderne », ce dernier cherche à soigner l'esprit en explorant les profondeurs de la psyché humaine.

Grâce à une approche spirituelle et psychologique, il s'engage dans un processus de guérison et d'éveil, aidant les individus à naviguer dans leurs mondes intérieurs pour découvrir et activer leur potentiel de transformation. Cette convergence entre nos disciplines souligne un principe énoncé par de nombreuses traditions, allant des philosophies spirituelles ancestrales à la psychanalyse jungienne : au cœur de notre quête de bien-être se trouve la nécessité d'une exploration et d'une compréhension de nous-mêmes, un voyage que nous entreprenons ensemble, guidés par la sagesse et la compassion.

En explorant les liens entre le chamanisme et le « monde des psy— », j'ai souvent constaté que la médecine moderne et les approches traditionnelles sont perçues comme des univers distincts, opposés, rarement enclins à dialoguer. Il est fréquent que les adeptes de l'un soient réticents, voire fermés, à l'autre. Mon expérience m'a enseigné une réalité différente. La complémentarité de ces deux disciplines est une force. Loin d'être incompatibles, elles se nourrissent mutuellement, offrant une approche holistique de la santé et du bien-être qui embrasse à la fois l'esprit, le corps et l'âme. Cette synergie entre la sagesse ancienne et la science moderne ouvre des voies enrichissantes de guérison et de croissance personnelle, intégrant tous les aspects de l'être humain dans sa quête d'équilibre et d'harmonie.

La collaboration avec Paching Hoé m'a également poussée à réfléchir sur la pertinence de ses connaissances et l'urgence de les partager. Dans le monde actuel, où les défis psychologiques et spirituels abondent, trouver un sens à notre existence est devenu une quête impérieuse. La pression de nos sociétés, les crises mondiales et le sentiment général d'incertitude, voire d'insécurité, alimentent une soif collective de réponses, de connexion spirituelle, et de paix intérieure. Dans ce contexte, les enseignements de Paching Hoé nous apportent un soutien essentiel. Sa philosophie, simple d'accès, résonne avec une clarté particulière aujourd'hui. Elle nous invite à repenser nos priorités, à approfondir notre compréhension de nous-mêmes et du monde qui nous entoure, et à entreprendre un voyage de transformation personnelle qui est à la fois intime et universel. Ces enseignements sont une aide pour affronter les défis de cette vie, ils nous offrent des clés pour déverrouiller notre potentiel de croissance, d'harmonie et de bonheur véritable.

À travers les entretiens et les enseignements reçus, j'ai découvert en Paching Hoé une personnalité à la fois ancrée dans le réel, pragmatique et visionnaire. Sa capacité à naviguer entre les mondes intérieurs et extérieurs avec une égale aisance témoigne d'une compréhension profonde de la psyché humaine, de l'inconscient collectif, et des principes universels qui sous-tendent ce monde. Son approche, empreinte d'empathie, et d'une connexion avec la nature de l'être, invite à un voyage de découverte personnelle qui est à la fois libérateur et transformateur.

Son enseignement, centré sur l'évolution de la conscience comme essence de la vie, s'entrelace harmonieusement avec les principes de la psychanalyse jungienne, promouvant une quête intérieure vers la compréhension de soi et l'épanouissement personnel.

Parsemés de réflexions sur la souffrance, la guérison, l'optimisme, et la vérité, il offre des perspectives uniques sur la façon dont nous pouvons naviguer dans nos vies avec plus de conscience, d'acceptation, et d'amour. Paching Hoé voit dans chaque individu un potentiel infini pour l'éveil spirituel et la croissance personnelle, poussant chacun à regarder au-delà de ses illusions, de ses fausses croyances, pour embrasser un état de plénitude et de paix intérieure.

Son dialogue avec la modernité, sans jamais perdre de vue les enseignements ancestraux, fait de lui un pont entre les âges, offrant une voie vers la guérison qui respecte à la fois la complexité de l'esprit moderne et la sagesse intemporelle de traditions spirituelles millénaires. En Paching Hoé, nous trouvons non seulement un guide spirituel, mais un véritable compagnon de route dans notre quête d'un sens plus profond et d'une existence équilibrée.

Ce livre se veut le témoin d'un voyage transformateur. L'objectif est double : d'une part, explorer et proposer des voies pour appliquer les enseignements de Paching Hoé, visant à une guérison intérieure, une compréhension de soi approfondie, et un développement personnel authentique. D'autre part, il vise à mettre en lumière le lien entre le chamanisme, tel que Paching Hoé le pratique, et les sciences modernes. Le discours du chaman est confirmé par les enseignements des traditions spirituelles, de la psychologie, de la psychanalyse et de la médecine actuelle.

Cette complémentarité au-delà des différences apparentes illustre le chemin intérieur qui s'ouvre à chacun de nous : retrouver un équilibre, un dialogue fécond avec soi-même et avec le monde qui nous entoure. Ce livre invite à reconnaître et à valoriser notre interdépendance, nous rappelant que nous avons à la fois la responsabilité et le pouvoir d'améliorer le monde dans lequel nous vivons, un monde que nous devons protéger.

J'ai à cœur de partager avec vous ces connaissances, non seulement parce qu'elles ont représenté pour moi un chemin personnel de guérison et de libération, mais aussi parce que je suis convaincue que chacun, quelle que soit sa quête — spirituelle, thérapeutique, ou le désir de reprendre activement les rênes de sa vie — peut en bénéficier. Ces enseignements offrent des clés pour comprendre et agir, pour redécouvrir notre rôle en tant qu'acteurs conscients de nos existences et de notre environnement.

Conseils pour la lecture

Ce livre représente le premier tome d'une trilogie consacrée aux enseignements de Paching Hoé. J'ai élaboré cette trilogie pour capturer l'essence de sa pensée autour d'un thème central : l'évolution de conscience. Cette évolution comporte trois stades notables : la conscience, l'éveil, pour finalement atteindre la plénitude. Chaque étape fera l'objet d'un volume à part entière. Considérant la conscience comme la pierre angulaire du chemin menant à l'éveil et ultimement à la plénitude, ce livre ambitionne de guider le lecteur à travers les premiers pas de ce voyage intérieur. Devenir conscient signifie accepter de confronter la réalité et ses problématiques, afin d'initier le changement. Nous ne pouvons pas espérer changer sans d'abord comprendre ce qui nécessite une amélioration.

Les 50 citations que j'ai sélectionnées pour ce volume se concentrent sur ce précepte fondamental de la Conscience, articulées autour de quatre axes thématiques distincts, mais interconnectés :

1. **Conscience et spiritualité (1-14)** : Cette section pose les fondements de la pensée de Paching Hoé, avec un accent particulier sur la compréhension de la spiritualité et de l'inconscient. Les deux premières citations, notamment, établissent le fil directeur de l'ensemble de son enseignement.

14

2. **Sens de la souffrance et guérison (15-28)** : La deuxième partie s'attache à éclairer le sens de la souffrance et les voies de la guérison, explorant comment nous pouvons transcender les expériences douloureuses pour trouver une résilience et un renouveau.

3. **Transformation intérieure (29-43)** : Cette section propose des pistes pour initier le processus de changement et de transformation personnelle.

4. **Enseignement et guidance (44-50)** : Nous avons tous commencé par être enseignés, en premier par nos parents. Notre parcours personnel bénéficie aux autres, leur permet d'avancer plus vite sur leur propre chemin, si nous leur transmettons nos expériences et compréhensions. C'est le principe du thérapeute, du maître spirituel, du chaman, du parent. Cette section propose des pistes pour acquérir une attitude d'aide et de guidance bénéfique à celui qui reçoit.

Le livre se présente sous la forme de courts textes indépendants, chacun introduisant en titre une citation de Paching Hoé. L'explication de chaque citation est une réflexion que je propose, établissant un dialogue entre la pensée de Paching Hoé et les traditions spirituelles anciennes, la psychologie, la psychanalyse et la philosophie. Pour certaines citations, j'ai ajouté des suggestions pratiques pour appliquer ces concepts dans la vie quotidienne.

Chaque citation est accompagnée d'une illustration inspirée de l'Égypte antique, et réalisée par Paching Hoé. Ces images, riches en symboles, ne sont pas seulement décoratives ; elles sont une extension de l'invitation à explorer les profondeurs de notre être. L'Égypte antique, avec sa richesse symbolique, continue d'influencer et de fasciner, offrant un cadre visuel puissant pour les concepts abordés. Ces illustrations donnent un aperçu de l'impact de l'inconscient collectif : les symboles ancestraux restent universels, touchent une multitude d'individus partout dans le monde, et portent en eux-mêmes une signification profonde.

Pour guider votre lecture, ce livre inclut un lexique situé en fin d'ouvrage. Cet outil regroupe des définitions et des explications des termes clés employés tout au long des pages, éclairant des concepts qui pourraient vous paraître obscurs ou vous introduire à de nouvelles idées. Ce lexique a été conçu non seulement comme une ressource informative, mais aussi comme une invitation à une exploration approfondie. Il sert de passerelle vers une compréhension des principes spirituels, psychologiques, et philosophiques qui sous-tendent les citations de Paching Hoé. En vous familiarisant avec ces termes, vous ouvrez la porte à une appréciation plus précise de leur signification et de leur application dans votre propre vie.

Il ne s'agit pas d'un manuel de réponses toutes faites. Chaque citation n'est pas une vérité absolue, mais un encouragement à la réflexion. Aborder la lecture avec une ouverture d'esprit et une curiosité, prêts à découvrir une nouvelle façon de voir la vie, vous permettra d'évaluer si les perspectives proposées résonnent en vous, vous dérangent, vous aident à progresser.

Cet ouvrage est une invitation à un voyage : un voyage vers une conscience accrue, vers une compréhension plus profonde de soi et de l'univers. C'est un chemin qui, espérons-le, vous mènera à devenir un acteur conscient et joyeux de votre propre vie, armé de la sagesse et de la compassion nécessaires pour naviguer dans ce monde complexe.

Je vous encourage à lire non pas seulement avec votre esprit, mais avec votre être tout entier. Laissez les mots de Paching Hoé résonner en vous, susciter des questions, éveiller des réponses, ou même provoquer le doute. C'est dans ce processus dynamique de questionnement et de découverte que réside le véritable éveil.

Ne vous sentez pas contraint par l'ordre des citations. Les thèmes qui vous touchent plus directement aujourd'hui peuvent être différents demain. Donnez-vous la liberté d'explorer selon les appels de votre cœur, sachant que chaque citation, chaque page, vous attend pour vous offrir sa sagesse au moment juste. Il n'y a pas de chemin préconçu ni de réponse uniforme ; il y a votre chemin, unique et personnel, qui se dévoile à travers votre interaction avec ces enseignements.

Chaque concept exploré est étroitement lié à un principe spirituel fondamental. La spiritualité est sacrée, accessible à tous, sans distinction. Cette accessibilité se traduit par la simplicité de sa forme. Si le message de chaque citation est simple en apparence, la pensée de Paching Hoé est en général profonde, et sa mise en application s'avère complexe dans nos vies. Les changements importants et durables requièrent temps et persévérance. Mais chaque pas sur ce chemin, chaque moment de réflexion et chaque effort de pratique, nous rapproche un peu plus de la transformation et de l'éveil.

Ces concepts spirituels agissent comme des poupées russes : la compréhension initiale d'une citation dévoile une première signification, qui elle-même ouvre vers de nouvelles dimensions de compréhension. Chaque niveau d'interprétation enrichit notre perception, provoque des résonances et des conséquences diverses sur la manière dont nous nous voyons et interagissons avec le monde qui nous entoure. C'est cette profondeur « à tiroirs », cette complexité enchâssée, qui fait la richesse des enseignements de Paching Hoé. Une première lecture pourrait vous éclairer sur un aspect de votre vie, tandis qu'une revisite du même concept, à un autre moment de votre parcours, pourrait illuminer des facettes totalement différentes de votre être ou de votre relation au monde. Cet aspect multidimensionnel des citations n'est pas un obstacle, mais une invitation à explorer sans cesse, à demeurer dans une posture d'apprentissage continu. Il est un appel à embrasser pleinement le chemin de la spiritualité, non pas comme la quête d'une vérité définitive et immuable, mais comme une exploration sans fin de la richesse infinie de la conscience.

Pour terminer cette introduction, je reviens à l'essence même de notre voyage : l'espoir et le potentiel infini de transformation qui nous attendent. Ma rencontre avec Paching Hoé ne représente pas seulement un tournant dans mon existence ; elle est aussi le témoin que le chemin vers une conscience élargie et une vie épanouie est accessible à chacun de nous.

Par le partage de ces enseignements qui m'ont guidée, ce livre aspire à être une lumière qui éclaire votre route. Les connaissances de Paching Hoé, perceptibles dans les citations et les réflexions partagées ici, sont des semences d'espoir et de transformation, prêtes à germer dans le sol fertile de celui qui le souhaite.

Ce n'est pas un hasard si vous tenez ce livre entre vos mains. Comme pour moi, il représente peut-être le début d'une exploration, d'un voyage intérieur vers une meilleure compréhension de vous-même et de votre place dans le monde. Chaque citation, chaque concept, chaque illustration n'est pas seulement un appel à la réflexion, mais un encouragement à l'action, à devenir l'architecte conscient de votre propre vie.

Je vous invite à plonger dans ces pages avec l'enthousiasme et la curiosité d'un explorateur en quête de trésors cachés. Que ce livre soit votre compagnon, votre guide, et votre défi, vous poussant à questionner, à croire en vos aspirations, et à agir. Ensemble, à travers les enseignements de Paching Hoé, nous pouvons non seulement chercher, mais aussi trouver ; non seulement redécouvrir notre nature profonde, mais aussi la réaliser. Ce voyage est le commencement d'une transformation, initiée par une prise de conscience. Il nous appelle à explorer et à grandir, dévoilant sans fin de nouvelles profondeurs en nous-mêmes et de nouvelles possibilités dans notre vie.

« La spiritualité repose sur trois pierres angulaires : l'amour
divin de notre Créateur, inconditionnel, éternel et illimité ; le
libre arbitre ; l'Éternité. »

La spiritualité, telle qu'enseignée par Paching Hoé, repose sur trois piliers fondamentaux : l'amour divin, inconditionnel, éternel et illimité ; le libre arbitre ; l'Éternité de l'âme. Ces principes tissent ensemble une toile complexe, offrant une vision enrichissante de notre réalité spirituelle et de notre rapport au Divin. Cette approche révèle une vision innovante de notre développement personnel et spirituel, et de la dynamique de notre relation avec Dieu. Elle met l'accent sur l'amour, la liberté, et la continuité de notre parcours spirituel au-delà de notre expérience de vie terrestre.

L'amour inconditionnel : base de notre relation avec le Divin

L'amour divin est inconditionnel, éternel, illimité, nous offrant une fondation solide pour notre sécurité spirituelle et notre acceptation de soi. Cet amour transcende les faiblesses humaines et nous enveloppe dans un assentiment total. Cependant, Paching Hoé identifie un défi majeur dans la perception humaine de cet amour : la tendance à projeter nos propres qualités et faiblesses sur le Créateur, ce qui nous amène à concevoir Dieu à travers le prisme de l'amour « humain » conditionnel. Cette projection entraîne des sentiments de peur, de culpabilité, et la crainte d'être abandonnés ou punis. Accepter véritablement l'amour inconditionnel de Dieu est un pas vers la libération de nos peurs, nous permettant de cultiver une relation authentique et aimante avec le Créateur.

L'exercice d'un amour inconditionnel suppose l'acceptation, la tolérance, la capacité de comprendre, d'accorder la liberté, d'intégrer la notion de temps comme élément indispensable à l'évolution de conscience. Dans cette perspective, la perfection est ce qui est utile et nécessaire, et non ce qui est plaisant ou abouti. L'amour inconditionnel est dépourvu de souffrance, contrainte, peur, jugement, de sacrifice et d'abnégation personnelle.

Le libre arbitre : une invitation à la liberté spirituelle

Le libre arbitre est une conséquence naturelle de l'amour inconditionnel de Dieu. Il souligne la liberté et la confiance que le Créateur nous accorde. Cette liberté fondamentale nous permet de réaliser nos propres choix, d'explorer, de commettre des erreurs, et de grandir à notre rythme, sans crainte de répercussions négatives dans notre relation avec le Divin. Pour Paching Hoé, le libre arbitre est la quintessence de l'amour divin. Il n'y a pas de plus beau cadeau que la liberté, indispensable à toute réalisation ou évolution de conscience. Cette perspective encourage une exploration différente de notre foi et de nos valeurs, et permet à chaque individu de rechercher Dieu et de s'approcher de Lui de manière unique et personnelle, dans une quête spirituelle diversifiée et riche en enseignements. Nous sommes acteurs de notre évolution spirituelle et de notre relation avec Dieu.

L'éternité de l'âme : la condition pour une croissance spirituelle épanouie

L'éternité n'est pas une simple promesse de vie après la mort. Elle nous donne une vision au-delà de notre expérience de vie terrestre, essentielle à la création de la meilleure version de nous-mêmes, sans contrainte de temps. Chemin infini de développement spirituel, elle nous offre la liberté de progresser, et de nous rapprocher de notre Créateur, librement, patiemment, confiants et sans crainte. Cette vision de l'éternité invite à une réflexion sur la continuité de notre existence spirituelle et sur notre aspiration à une harmonie plus profonde.

Une relation dynamique et apaisée avec le Divin

L'intégration de l'amour inconditionnel, du libre arbitre, et de l'éternité de l'âme forge une relation consciente, apaisée avec Dieu. Cette relation est caractérisée par l'amour, la liberté de choix, et une quête ininterrompue de croissance, privilégiant le progrès à la perfection. Elle s'appuie sur la certitude d'être aimés sans condition, sur l'autonomie de tracer notre propre chemin, et sur la vision d'une existence qui transcende la matérialité de la vie terrestre. Savoir que nous grandissons à notre rythme, sous le regard bienveillant et aimant du Créateur permet de retrouver la joie, la confiance, la sérénité dans l'existence. Paching Hoé propose ainsi une spiritualité où la relation avec le Créateur est célébrée comme une voie de croissance spirituelle, nous invitant à nous engager consciemment dans un dialogue avec le Divin.

« L'Inconscient selon Paching Hoé »

1. La vision de l'inconscient par Paching Hoé

Pour Paching Hoé, l'inconscient est envisagé comme une vaste mémoire supérieure, archivant chaque moment de notre vie, de l'histoire de l'humanité, et des univers depuis l'aube de la création, sans distinction de qualité, de vrai ou de faux. L'inconscient est décrit, non pas comme une collection d'entités séparées, propres à chaque individu, mais comme un inconscient collectif, unifié, et commun à toute l'humanité. Il fonctionne comme une mémoire universelle à laquelle nous sommes tous connectés, et qui est le lien réel entre chaque humain. Il recèle en son sein tout ce qui a été vécu, pensé, créé puis oublié depuis l'aube des temps. Cette mémoire est accessible à tout un chacun ; et dévoile le réel potentiel humain. C'est une des raisons pour lesquelles lorsque nous ambitionnons des projets, nous ne nous occupons pas des moyens, de la connaissance nécessaire pour les réaliser, car nous considérons que tout est disponible dans l'inconscient et se révélera dans l'action. Nos réelles capacités sont cachées dans notre inconscient. À ce stade, il est important de réaliser que le potentiel de tout individu ne peut se révéler que dans « le faire ».

Outre l'Action qui permet de dévoiler des capacités, des savoirs inconnus, l'expérience psychédélique a pour vocation l'exploration de l'inconscient comme source de connaissance.

Cette conception de l'inconscient transforme notre compréhension des dynamiques psychiques et spirituelles, individuelles et collectives. Elle révèle une interconnexion profonde entre tous les êtres humains, réfutant l'idée d'une séparation réelle entre nous.

L'inconscient collectif se construit à travers l'accumulation des expériences humaines communes et individuelles. De cette mémoire inconsciente naissent les valeurs et les lois de ce monde. Globalement, les êtres humains, étant connectés à cette mémoire collective, partagent une manière de penser et des croyances similaires. Nous comprenons ainsi comment des valeurs et des lois, reconnues par la majorité — par exemple la loi du plus fort —, deviennent des paradigmes dominants dans nos interactions sociales.

La notion d'inconscient collectif puise ses racines dans les traditions spirituelles, la psychanalyse et la science. Selon les neurosciences, nous nous souvenons consciemment d'environ 10 % de notre vécu. Paching Hoé ajoute que les 90 % restant sont stockés dans une mémoire inconsciente collective. Cet oubli apparent n'est pas un vide, mais plutôt un voile qui cache à notre conscience immédiate le savoir et les expériences accumulés. Paching Hoé souligne l'accessibilité de toutes les informations enregistrées que, paradoxalement, nous avons reléguées dans l'oubli. Cette notion est incarnée par la maxime prêtée au Maître, qui dit à son disciple : « Je ne t'enseigne pas, je t'aide à te souvenir ». Cette phrase nous révèle que nous sommes détenteurs d'une mémoire cachée, et que la réalité de notre potentialité est enfouie dans notre inconscient. Nous sommes loin de connaître nos véritables capacités.

En psychanalyse, Carl Gustav Jung conçoit l'inconscient en deux parties : l'inconscient personnel, qui contient les souvenirs et les expériences individuelles spécifiques à une personne, et l'inconscient collectif, une couche plus profonde partagée par toute l'humanité, renfermant des archétypes universels qui façonnent nos comportements et nos symboles culturels.
Selon Jung, il est essentiel de rendre conscients les éléments qui nous influencent inconsciemment, car ce travail sur soi permet l'intégration de toutes les facettes qui constituent notre être. Ce processus, appelé individuation, nous aide à réaliser notre potentiel unique et à vivre une existence plus complète et authentique.
Parallèlement, les pratiques des moines bouddhistes et chrétiens révèlent une conscience universelle partagée à travers des principes d'interconnexion et d'interdépendance. La pratique de la prière

d'intercession, notamment, illustre une solidarité humaine fondée sur la conviction que notre bien-être mutuel est interdépendant.

Des phénomènes tels que les synchronicités ou les peurs irrationnelles montrent comment, dans la vie quotidienne, des pensées et actions coïncident entre différentes personnes sans communication préalable, suggérant une connexion sous-jacente à travers l'inconscient collectif. Par exemple, une peur instinctive des serpents chez l'enfant reflète une croyance préprogrammée dans l'inconscient collectif plutôt qu'une expérience personnelle directe. En revanche, l'enfant se réjouira de la proximité du chat, le félin se trouvant pourtant être le prédateur le plus redoutable. Cet exemple souligne l'irrationalité de l'inconscient. Ce dernier nous amène souvent à réagir de façon inappropriée ou disproportionnée, basée sur des pensées et croyances héritées, plutôt que sur une évaluation rationnelle de la situation. Notre vie est constamment influencée par cet inconscient, sans que nous en ayons une perception claire. Les instincts, certains de nos désirs les plus profonds et nos réactions sont des échos de cette mémoire universelle.

L'enseignement de Paching Hoé souligne la nécessité de reprendre le contrôle sur notre inconscient, afin de pouvoir exercer notre libre arbitre. C'est en remettant en cause systématiquement nos pensées, nos croyances dans le dialogue avec autrui, que nous pouvons choisir ce que nous croyons. Quand cela est nécessaire, c'est par l'expérience parfois douloureuse que la croyance change. Globalement, c'est ce travail sur soi qui conditionne l'évolution de conscience.
Il s'agit de cesser de subir des croyances que nous considérons comme nôtres, lesquelles engendrent des conflits intérieurs et sont à l'origine de nos souffrances, car elles nous éloignent de notre essence, de notre véritable nature. Ces croyances nous amènent à adopter une vision erronée de nous-mêmes, basée sur l'idée fausse que nos pensées nous définissent. Nous ne sommes pas ce que nous

pensons ou ce que nous disons, mais ce que nous faisons. Notre perception de la réalité et de notre propre histoire est filtrée à travers ces croyances, teintant nos expériences d'interprétations qui altèrent la vision que nous avons de nous-mêmes. Selon notre version des événements, nous nous percevons, non comme des victimes, mais comme des coupables, responsables des situations d'agression que nous avons subies. Nous nous voyons comme faibles, impurs, inconstants — en somme, comme de mauvaises personnes. C'est pour cette raison que, lors de ses entretiens, j'observe souvent Paching Hoé s'adresser à son patient en ces termes : « Maintenant que tu m'as partagé ton vécu, je vais te raconter la vraie histoire de toi, enfant ». Il reprend les faits objectifs de l'enfance du patient et les nettoie de toutes les interprétations erronées et négatives formulées par l'enfant, puis l'adulte, sur lui-même. Cette nouvelle version montre souvent une grande disparité entre les deux récits et permet de déculpabiliser le patient, lui redonnant espoir et une meilleure estime de soi.

Si nous ressentons une souffrance persistante dont nous ne parvenons pas à nous libérer, il est important de comprendre que les croyances transmises par notre inconscient, en particulier celles concernant notre passé, créent des perceptions erronées sur nous-mêmes, qui faussent l'interprétation de notre réalité. La souffrance ne découle pas tant des événements douloureux eux-mêmes, que des interprétations erronées que nous en faisons, à notre propre détriment. Cette distorsion entre la réalité des faits et notre interprétation nous enferme dans une mauvaise image de nous-mêmes, augmentant d'autant la souffrance. Dans une telle situation, je recommande de consulter un thérapeute compétent, qui pourra aider à démêler les faits de leur interprétation, et guider vers un chemin de guérison.

Comprendre que nous pouvons choisir ce que nous croyons et changer les interprétations erronées sur nous-mêmes est essentiel dans le processus de guérison. La vision de Paching Hoé enrichit notre compréhension de l'esprit humain, de la souffrance, et de notre connexion les uns avec les autres. Elle nous défie de naviguer consciemment à travers cette mémoire commune, pour façonner notre réalité de manière significative, en reconnaissant notre interdépendance et en réfléchissant sur notre responsabilité individuelle et collective dans le choix des croyances et valeurs que nous décidons de renforcer.

2. Origine et influence des pensées

Pour Paching Hoé, l'inconscient collectif constitue la source d'où surgissent toutes nos pensées. Ces dernières ne résultent pas uniquement de nos expériences individuelles, mais sont largement influencées par des résonances issues de la mémoire collective de l'humanité. Sa vision fait écho à la mise en garde de Gandhi : « Vos croyances créent vos pensées, vos pensées deviennent vos paroles, vos paroles deviennent vos actions, vos actions deviennent vos habitudes, vos habitudes deviennent vos valeurs, vos valeurs créent votre destin ». Nos croyances les plus profondes, souvent inconscientes, façonnent nos pensées, qui à leur tour, modèlent nos paroles, nos actions et, finalement, notre réalité.

Selon Paching Hoé, nos croyances et pensées sont moins le produit de notre conscience immédiate que le reflet de l'inconscient collectif, un réservoir de valeurs et d'expériences humaines partagées. Ce principe soulève l'importance de prendre conscience de nos croyances et de nos pensées, pour être à même de décider de nos actions, et de créer la réalité à laquelle nous aspirons.

Le rôle du libre arbitre dans le tri des pensées

Face à cette réalité, Paching Hoé souligne l'importance du libre arbitre dans notre interaction avec ces pensées. Le libre arbitre donne la capacité d'observer puis de trier nos pensées. Ce processus de sélection est essentiel, car il nous permet de discerner entre les pensées qui sont alignées avec nos véritables valeurs et celles qui sont simplement des reproductions de schémas collectifs. L'approche de Paching Hoé offre une méthodologie structurée pour ce parcours de transformation.

Paching Hoé précise que 95 % de nos pensées sont des suppositions, sans lien avec des faits concrets et vérifiés. Ces suppositions, si non examinées, sont prises pour des vérités et peuvent façonner notre réalité de manière inadéquate, influençant notre jugement sur nous-mêmes ou autrui. la majorité de ces suppositions sont à notre désavantage ayant pour conséquence une baisse d'estime et de confiance en soi. Pour Paching Hoé, le travail de développement personnel nécessite de scruter minutieusement nos pensées, afin de distinguer celles qui sont en adéquation avec nos aspirations réelles, notre expérience et celles qui ne sont que des conjectures erronées ou nuisibles.

Je nous invite à entreprendre une réflexion personnelle. Examinons combien de fois nous avons douté de nos propres capacités à atteindre un objectif, sans prendre le temps de vérifier notre expérience ou nos compétences réelles. Réfléchissons à la fréquence à laquelle nous avons remis en question l'action d'autrui, lui attribuant des intentions négatives, sans chercher à comprendre la réalité ou la pureté de ses intentions. Ces schémas de pensée négatifs, si non examinés, continuent de diriger notre vie de manière non constructive. Si nous acceptons nos pensées comme étant vraies sans les vérifier, nous perdons le contrôle de notre vie.

Un principe fondamental en spiritualité souligne que nous ne sommes pas nos pensées. Ce concept est essentiel pour entamer un changement intérieur. Le bouddhisme enseigne que l'attachement à nos pensées perpétue la souffrance. Les pratiques bouddhistes visent à s'observer, pour examiner nos pensées, nous révélant leur nature éphémère et changeante, et qu'elles ne définissent pas qui nous sommes.

Parallèlement, les psychothérapies basées sur la pleine conscience reposent sur cette séparation entre nos pensées et notre nature profonde. Elles enseignent à observer les pensées sans jugement de valeur, à identifier et à remettre en question les schémas de pensée dysfonctionnels, nous apprenant que nos pensées sont plus fréquemment des hypothèses non fondées que des faits. En modifiant ces pensées, nous changeons nos réactions émotionnelles et comportementales, ce qui nous libère de l'emprise de réponses automatiques et souvent destructrices.

Ces approches, tant spirituelles que thérapeutiques, convergent vers un même but : nous libérer de l'influence de l'inconscient, afin de nous conduire vers une vie plus consciente et plus équilibrée. En pratiquant la non-identification à nos pensées, nous gagnons en liberté et en clarté, ouvrant la voie à une compréhension plus profonde de notre véritable nature et de ce qui nous entoure.

Paching Hoé nous rappelle que l'inconscient, en tant que mémoire collective, n'intègre pas de jugement qualitatif ; il archive indistinctement le vrai et le faux, le bon et le mauvais. Bien qu'il y ait une corrélation entre nos pensées et nos états d'âme ou les circonstances actuelles de notre vie, il n'existe pas de lien direct entre ce que nous pensons et qui nous sommes. Cette connaissance est libératrice, car elle nous déculpabilise de nos pensées automatiques, influencées par l'inconscient collectif et notre environnement.

Reconnaître que nous ne sommes pas nos pensées constitue le premier stade de la démarche de changement que nous propose Paching Hoé. Ce processus de sélection, basé sur la qualité et la vérification des pensées, permet de déterminer si elles correspondent à ce que nous désirons réellement créer et être, ou si elles nous en éloignent.

En adoptant cette approche, nous engageons un processus de nettoyage de notre inconscient. En rejetant systématiquement toute pensée qui est contraire à notre nature profonde, qui n'est pas conforme à notre expérience de vie, qui nous éloigne de nos objectifs et de la réalité que nous voulons créer, nous redonnons le pouvoir à notre conscience immédiate. Ce travail minutieux de tri et de clarification est essentiel pour entamer un changement concret et durable.

Cette démarche, simple en soi, exige une pratique assidue et peut s'avérer fastidieuse. Néanmoins, elle est essentielle pour assurer que notre inconscient ne soit peuplé que de croyances et de pensées qui renforcent notre être véritable et soutiennent nos aspirations. En comprenant que nos pensées sont disjointes de notre essence, nous sommes équipés pour mener une vie plus authentique et alignée avec nos valeurs.

En prenant conscience de cette réalité et de l'influence de l'inconscient, nous décidons de reprendre le contrôle, de penser selon des principes qui reflètent notre identité et nos valeurs.

3. Importance de l'action pour le changement

Paching Hoé met en lumière une difficulté supplémentaire dans cette démarche de conscience : le changement véritable ne provient pas de la réflexion, mais de l'action. Ce que nous sommes réellement ne se manifeste pas dans nos pensées, souvent polluées par des éléments extérieurs ou par la peur, mais dans nos actions. Notre réalité se dévoile à travers nos actions et ce que nous créons. La réflexion oriente et prépare au changement, mais c'est par l'action que nos croyances et pensées sont testées et que leur validité est vérifiée. C'est l'ensemble de ce processus de sélection et d'action qui révèle notre identité et reprogramme notre inconscient, induisant ainsi le changement durable.

Passer à l'action

L'action nous permet de tester nos croyances dans le monde réel, de voir les conséquences de nos pensées et comportements. C'est à travers les résultats de nos actions que nous pouvons comprendre la causalité directe entre ce que nous pensons et ce qui en découle. Paching Hoé souligne que la véritable potentialité de notre essence ne peut être révélée que par l'action. Autrement dit, c'est par la mise en pratique de nos pensées que nous pouvons initier un changement concret et durable dans notre vie, et créer la réalité à laquelle nous aspirons.

Reprogrammer l'inconscient par l'action

Chaque action que nous entreprenons nous offre la possibilité de reprogrammer notre inconscient. Les résultats concrets de ces actions fournissent des preuves qui peuvent confirmer ou infirmer nos croyances préalables. Si une nouvelle croyance, émanant de la reformulation d'une pensée antérieure, se trouve validée par l'expérience, son poids est plus significatif. Elle remplace efficacement une ancienne croyance non fondée, engendrant ainsi un changement profond dans notre manière de penser et d'agir.

La validation des nouvelles croyances

Ce processus de validation par l'action est essentiel pour un développement personnel authentique et durable. Il ne s'agit pas seulement de changer de pensée ou d'attitude, mais de mettre ces nouvelles perspectives à l'épreuve du monde réel. Les actions sont les véritables tests des théories ; elles révèlent la substance et la validité de nos pensées. En choisissant consciemment d'agir selon nos nouvelles compréhensions, nous forgeons activement un chemin qui reflète notre essence et nos valeurs les plus élevées. Cette démarche contribue à créer l'être auquel nous aspirons. Nous passons de la potentialité à la réalisation.

Paching Hoé nous enseigne que le véritable changement commence par un examen minutieux de nos pensées, et le choix conscient de celles que nous voulons concrétiser en actions. Il nécessite ensuite des actions concrètes et intentionnelles. Ces actions ne sont pas seulement des manifestations de notre volonté ; elles sont les fondations sur lesquelles se construisent le changement personnel et la croissance spirituelle.

Cette démarche permet d'agir, de créer une réalité conforme à nos besoins, à nos désirs, et à ce que nous voulons révéler. Ce nettoyage reprogramme notre inconscient, en remplaçant les croyances erronées ou non désirées par des croyances vérifiées par l'expérience, qui soutiennent notre développement et reflètent notre identité. En redonnant le pouvoir à notre conscience immédiate et en agissant conformément à des croyances choisies et non subies, nous devenons les véritables créateurs de notre vie, maîtres de notre destin et non plus des victimes de notre programmation inconsciente.

4. La démarche de changement intérieur

Paching Hoé nous invite à entreprendre un voyage de transformation personnelle, qui est au cœur de notre évolution de conscience. Cette démarche de changement intérieur n'est pas seulement une série de modifications comportementales externes, mais un profond remaniement des croyances et des pensées qui gouvernent nos actions.

Importance du changement intérieur

Le changement intérieur est essentiel, car il touche à l'essence même de ce que nous sommes. Sans une transformation fondamentale de notre manière de penser et de percevoir le monde, tout changement externe reste temporaire et superficiel. Paching Hoé souligne que pour vivre une existence pleinement consciente et authentique, nous devons d'abord entamer la démarche de trier nos pensées et les vérifier par l'expérimentation dans l'action.

Processus continu et progressif

Cette transformation n'est pas un événement unique ou rapide ; c'est un processus continu qui requiert patience et persévérance. Le chemin du changement intérieur implique une exploration constante de nos motivations, de nos peurs et de nos désirs. Il nécessite souvent de remettre en question puis de reconstruire des aspects de notre personnalité que nous avions pris pour acquis.

Évoluer vers une conscience élargie

En nous engageant dans cette démarche, nous élargissons notre conscience, non seulement de nous-mêmes, mais aussi de notre relation au monde. Cette expansion de la conscience conduit à une expérience de vie plus enrichie, où nous sommes mieux équipés pour faire face aux défis, créer des relations significatives, et vivre en harmonie avec nos valeurs.

Devenir acteurs de notre vie

Finalement, le changement intérieur nous rend acteurs de notre propre vie, plutôt que d'en être les spectateurs passifs. Nous gagnons en autonomie. Nous choisissons délibérément nos chemins et influençons notre environnement de manière significative. Ce processus nous permet de modeler notre destin selon nos aspirations et de vivre en accord avec notre essence véritable.

La démarche de changement intérieur est un pilier essentiel pour toute personne cherchant à vivre une existence pleine et consciente. Elle nous libère des automatismes et des influences inconscientes qui dictent nos comportements, et nous permet de vivre avec intention et authenticité. Ce voyage intérieur est un chemin vers une plus grande paix, une satisfaction profonde et un bien-être durable. Il contribue également de manière significative à la communauté et au monde en général, car chaque individu conscient et équilibré ajoute à la cohésion et à la santé de la société.

Le point de vue du Psy

Arrêtons-nous quelques instants après ces deux premières citations de Paching Hoé, qui nous offrent en substance les fondements de son enseignement.

La première citation établit les trois piliers de la spiritualité — l'amour divin inconditionnel, le libre arbitre, et l'éternité. Ces principes nous fournissent un cadre solide pour comprendre les véritables intentions de notre Créateur, ainsi que notre rôle et notre potentiel dans l'univers.

La vision de Paching Hoé de l'inconscient nous permet de cheminer sereinement à la construction de notre propre réalité. Nous comprenons que nous disposons de toutes les ressources nécessaires pour créer librement et consciemment la réalité que nous désirons. Avec ces deux citations comme fondements, nous avons à notre disposition les éléments clés pour entamer notre voyage de réalisation personnelle.

Synthèse de l'inconscient selon Paching Hoé

Imaginons une vaste et imposante bibliothèque, symbolisant l'inconscient collectif. Elle est remplie de rayons interminables de livres qui contiennent toute l'histoire et les connaissances de l'humanité. Au centre, un grand présentoir facilement accessible présente des livres que la plupart des gens lisent, représentant les croyances communément adoptées par la majorité, et pratiquées dans la société. Ces livres sont bien en vue, reflétant leur influence omniprésente dans notre inconscient collectif.

En contraste, les principes lumineux, qui sont en harmonie avec les intentions du Créateur et notre essence profonde, sont subtilement placés dans des recoins moins évidents de la bibliothèque. Ces livres sont enveloppés dans une lumière douce, illustrant à la fois leur pureté et leur difficulté d'accès. Cette lumière peut être vue comme un chemin qui, bien que le plus conforme à ce que nous sommes, est moins fréquenté et plus difficile à suivre. Elle symbolise la phrase : «

la voie de la lumière est toujours la plus exigeante, sans quoi tout le monde l'emprunterait ».

Des visiteurs de la bibliothèque sont dispersés à travers cette immense salle. Certains se dirigent vers le présentoir central, attirés par la facilité d'accès de ces croyances populaires, tandis que d'autres, plus aventureux ou guidés, explorent les zones moins éclairées pour découvrir les livres lumineux qui révèlent la profondeur de notre potentiel créatif et la réalité de notre essence.

Cette image illustre la vision de Paching Hoé de l'inconscient. Elle montre la dynamique entre les croyances communément acceptées et les vérités universelles lumineuses que nous n'aurons de cesse de découvrir, car cachées au plus profond de notre inconscient. Elle visualise le contraste entre le chemin aisé, tout tracé des croyances populaires et celui moins évident, mais plus enrichissant des croyances conformes à notre nature profonde. Cette image sert de métaphore visuelle pour expliquer la complexité de l'inconscient collectif, notamment l'influence des croyances immédiatement accessibles qui dictent notre vie.

Complémentarité entre spiritualité et psychanalyse

Paching Hoé nous enseigne que c'est par la spiritualité que nous pouvons espérer dépasser les connaissances actuelles à propos de l'inconscient, et de la psyché en général. Faire dialoguer la psychanalyse et la spiritualité nous permet de comprendre que, loin d'être opposés, ces deux domaines sont complémentaires et s'enrichissent mutuellement.

La spiritualité nous révèle la pensée du Créateur. Elle éclaire notre compréhension de la psyché et de notre rôle dans l'univers, et nous permet de répondre à la question : « quel est le but de ma vie ? ».

L'expérience terrestre comme terrain de jeu :
— Pensons à l'existence comme un terrain de jeu dont les règles ne sont pas clairement comprises sans une connaissance spirituelle. Sans ces règles, nous agirions comme des joueurs sur un terrain de football ignorant les modalités et la finalité de l'épreuve. Nous serions limités, confus, frustrés et désorientés quant à la manière de progresser efficacement.

Les principes spirituels comme guides :
— Les principes d'amour divin inconditionnel, de libre arbitre et d'éternité fonctionnent comme des règles du jeu. Ils offrent un cadre et des lignes directrices qui nous aident à comprendre comment interagir avec le monde et avec nous-mêmes, de manière plus harmonieuse et significative.
— Ces principes nous permettent de voir au-delà des apparences immédiates, de comprendre les motifs plus profonds et les finalités de notre expérience terrestre.

L'inconscient comme outil d'évolution de conscience :
— L'inconscient n'est pas seulement un réceptacle passif d'expériences humaines ; il est l'outil parfait pour notre évolution de conscience. Nous avons en nous-mêmes toutes les connaissances à notre disposition pour choisir et créer la réalité que nous désirons.
— Grâce à notre libre arbitre, nous explorons, expérimentons et testons différentes croyances et actions. Comme le visiteur dans la bibliothèque, nous avons la capacité de choisir consciemment et librement quelles pensées lire et suivre, et lesquelles ignorer. Nous observons les conséquences de ces choix dans notre réalité, et adoptons ceux qui produisent les résultats les plus conformes à nos aspirations.

Liberté et création consciente :

— En ayant accès à « toute la bibliothèque » de l'inconscient, nous avons une liberté immense de choisir ce que nous voulons créer dans notre existence. Cette métaphore de la bibliothèque souligne la richesse et la diversité des options disponibles pour nous.

— Cette liberté révèle la bonté du Créateur, qui nous permet de réaliser notre potentiel et de jouer un rôle actif dans notre propre vie, à notre rythme. Pour que cette liberté soit pleinement exercée, il a créé l'inconscient qui peut être perçu comme un handicap, mais qui en réalité nous permet de bâtir librement notre identité en faisant cohabiter le vrai comme le faux, le bien comme le mal, le bon comme le préjudiciable. Nous sommes des acteurs conscients et créateurs de notre réalité, en recherche de liberté.

En comprenant les pures intentions de notre Créateur et les outils mis à notre disposition, tels que la psyché, nous pouvons jouer avec compétence, conscience et liberté. Dans cette perspective, nous pouvons utiliser tout ce qui nous est donné pour explorer, créer et vivre pleinement, en étant conscients de notre liberté et de notre potentiel en tant qu'êtres spirituels engagés dans une expérience humaine.

Le processus de changement selon Paching Hoé

Pour aider à l'application de cet enseignement dans notre vie quotidienne, je nous propose un récapitulatif des différentes étapes clés du processus de transformation tel que l'enseigne Paching Hoé

1. Examen des pensées :

— Devenir pleinement conscient de ses pensées au quotidien. Prêter attention aux pensées récurrentes et à leur nature — sont-elles positives, négatives, productives, destructrices ?

— Observer sans jugement comment ces pensées influencent les émotions, les comportements, les relations.

Cette prise de conscience est essentielle, car elle est le point de départ pour tout changement.

2. Vérification des pensées :
— Vérifier et critiquer activement les pensées : « Cette pensée est-elle basée sur des faits ou est-elle une supposition ? ». « Cette pensée me sert-elle, ou me limite-t-elle ? ».
— Déterminer leur alignement avec mes valeurs et mes aspirations.

3. Reformulation des pensées :
— Commencer le travail de transformation en choisissant consciemment des pensées plus positives, réalistes ou utiles.
— Définir clairement ce que nous souhaitons changer ou améliorer. Fixer des objectifs spécifiques de changement qui sont à la fois réalistes et mesurables. Ces objectifs devraient refléter non seulement nos aspirations personnelles, mais aussi la personne que nous aspirons à devenir.

4. Initiation de l'action :
— Passer à l'action, même à petits pas, pour commencer à matérialiser les changements désirés. L'action est essentielle, car elle permet de tester et de réajuster les pensées à travers l'expérience pratique.

5. Évaluation et ajustement :
— Évaluer les conséquences des actions entreprises.
— Observer l'impact des changements sur notre comportement et notre bien-être, et les réactions de notre environnement.
— Ajuster les stratégies selon les résultats obtenus et les retours d'expérience.
— Accepter qu'un processus de changement et d'expérimentation implique des erreurs. Considérer les erreurs comme des opportunités pour tester une autre voie.

6. Ancrage de nouvelles habitudes :
— Répéter les actions positives pour former de nouvelles habitudes. La répétition est clé pour ancrer de manière durable les changements dans notre mode de vie.
Les habitudes forment la base de notre comportement quotidien et influencent notre pensée et nos émotions.

7. Maintenance et croissance continue :
— Le changement est un processus continu. Maintenir les efforts et rester ouvert à l'apprentissage et à la croissance continue. Cela peut nécessiter de régulièrement revisiter les étapes précédentes pour s'assurer que nous restons alignés avec les objectifs fixés initialement.

8. Célébration des succès :
— Prendre le temps de célébrer ses réussites, petites et grandes. Reconnaître et célébrer le progrès est essentiel pour maintenir la motivation et l'élan tout au long du parcours de changement.

Le processus de changement n'est pas linéaire, mais dynamique. Il nécessite du temps, de la patience, et un engagement persistant. En suivant ces étapes, nous effectuons des changements significatifs qui reflètent non seulement nos aspirations personnelles, mais aussi une plus grande harmonie avec soi-même et les autres.

Nous allons maintenant approfondir cette démarche à l'aide des citations suivantes. Chaque citation offre un éclairage spécifique sur un aspect de ces enseignements fondamentaux, et sur la manière dont ils se manifestent dans notre vie quotidienne, nous guidant ainsi vers une compréhension plus riche et une application plus concrète de la sagesse de Paching Hoé.

« Ce n'est que par la conscience que nous pouvons espérer
résoudre les maux de ce monde. »

La philosophie de Paching Hoé, ancrée dans un optimisme et une compréhension spirituelle du monde, nous propose une vision encourageante pour aborder et surmonter les défis globaux auxquels l'humanité est confrontée. Selon lui, la transformation nécessaire pour guérir les maux de notre monde ne réside pas uniquement dans les avancées technologiques ou scientifiques, mais aussi et avant tout dans une évolution profonde de notre conscience, tant au niveau individuel que collectif. Il soutient que les solutions durables émergent d'un changement intérieur qui enrichit notre compréhension et notre responsabilité envers notre planète et ses habitants.

Dans la tradition de l'Égypte antique, la maxime de Ptahotep, « Apprends auprès de celui qui n'est pas instruit comme avec le savant », résonne avec la pensée de Paching Hoé. Cette maxime nous enseigne que chaque personne, indépendamment de son niveau d'éducation, détient des connaissances potentiellement transformatrices. En cultivant une ouverture d'esprit et en valorisant les expériences de tous les individus, nous enrichissons notre compréhension globale et renforçons notre capacité collective à initier des changements significatifs. Cette perspective est essentielle pour développer une conscience élevée et des intentions pures, clés de voûte de la vision optimiste de Paching Hoé pour un avenir harmonieux et durable.

Paching Hoé insiste sur l'importance de la pure intention et de la conscience collective dans la création de solutions harmonieuses. Lorsque les intentions de la majorité se concentrent sur la protection et le bien-être de la Terre et de sa population, des réponses positives se manifestent naturellement, résultant de notre profonde connexion et interdépendance avec tout ce qui existe. Cette perspective repose sur une vision spirituelle selon laquelle l'intention derrière nos actions attire des circonstances et des innovations qui reflètent nos aspirations les plus nobles.

Paching Hoé considère les obstacles et les souffrances non comme des fatalités, mais comme des opportunités d'éveil collectif et de croissance. Les crises contemporaines sont vues comme des invitations à constater notre interdépendance et à progresser vers une conscience plus élevée. Cette approche optimiste transforme chaque difficulté, qu'elle soit individuelle ou collective, en une opportunité d'apprentissage, d'innovation et d'amélioration. Les épreuves deviennent des défis pour notre développement spirituel et matériel.

Cette philosophie résonne à travers l'histoire de l'humanité, marquée par des avancées significatives telles que l'abolition de l'esclavage, la réduction du racisme et des conflits armés, l'augmentation des libertés. Ces progrès démontrent notre capacité à dépasser nos limitations actuelles et à trouver des solutions innovantes et pacifiques. Ces transformations historiques attestent de l'impact d'une conscience collective élevée et d'une intention pure sur l'évolution positive de notre monde.

Paching Hoé nous incite à une action spirituelle, consciente et optimiste, nous engageant à reconnaître l'importance cruciale de notre conscience et de nos intentions dans la création d'un futur meilleur. Face aux défis, nous avons le choix de répondre avec espoir, compassion et volonté d'évolution. Cette philosophie ne nous engage pas seulement à réfléchir à notre rôle dans le monde, mais également à agir de manière responsable, guidés par une confiance indéfectible dans le potentiel de croissance et de guérison humaines. La convergence de nos intentions sincères, de notre conscience élevée et des enseignements tirés de l'histoire humaine illumine la voie vers un monde empreint d'harmonie, de paix et de respect mutuel, incarnant la vision de Paching Hoé pour une humanité éveillée et unie dans la quête d'un avenir durable et équitable pour tous.

« Vivre consciemment, c'est, aussi, prévoir les conséquences avant toute action. »

Paching Hoé valorise le principe de vivre consciemment et de mesurer les responsabilités vis-à-vis de nous-mêmes et des autres. Il nous invite à considérer l'impact de nos actions avant de les entreprendre, mettant en lumière la sagesse inhérente à une existence réfléchie. Cette manière de vivre, centrée sur l'anticipation et la réflexion, est au cœur des enseignements de nombreuses traditions spirituelles et philosophiques, ainsi que des pratiques psychologiques centrées sur la conscience et l'attention.

Vivre consciemment signifie s'engager dans un processus de réflexion continue, où chaque décision est prise non pas à la légère, mais avec une compréhension profonde des répercussions potentielles. Cela implique une sensibilité accrue à notre environnement, à nos relations et à nous-mêmes, reconnaissant que nos actions ont le pouvoir de façonner notre réalité et celle des autres.

Agir, prendre des décisions sans tenir compte de leurs conséquences peut entraîner une série de répercussions négatives sur notre bien-être psychologique et émotionnel. La non-anticipation des conséquences peut mener à des sentiments de peur, de culpabilité, une perte de confiance en soi, voire à une profonde souffrance intérieure. Ces émotions et états mentaux négatifs soulignent l'importance cruciale de réfléchir et d'anticiper avant d'agir.

La culpabilité est souvent la conséquence directe d'avoir pris des décisions hâtives et irréfléchies, lesquelles entraînent des résultats indésirables, surtout lorsque ces actions causent du tort à d'autres ou nous amènent à agir contre nos propres valeurs. Ce sentiment est accablant, en particulier lorsqu'on reconnaît que les résultats négatifs auraient pu être évités par une meilleure préparation et anticipation. La prise de conscience de notre rôle dans ces conséquences indésirables peut miner notre confiance en nos capacités de jugement et de décision, nous rendant hésitants à affronter de futures décisions, par crainte de répéter les erreurs passées.

Cette réticence est souvent accompagnée d'un sentiment que le monde est contre nous, exacerbant l'isolement et le pessimisme. Les suites d'une décision mal conçue peuvent nourrir cette perception d'adversité, renforçant notre détresse émotionnelle et nous laissant avec l'impression d'être en lutte constante, sans soutien. Cette situation peut déboucher sur une souffrance intérieure, marquée par le regret, le remords et une autocritique sévère, pouvant conduire à l'anxiété, à la dépression, ou à d'autres troubles émotionnels.

En plus de ces effets internes, prendre des décisions irréfléchies peut créer une sensation de perte de contrôle sur notre propre existence. Vivre une succession d'échecs nous fait sentir impuissants et incapables d'orienter positivement notre vie. Cette impression d'impuissance, combinée à la peur de l'échec et des conséquences imprévues, à la culpabilité et au regret, souligne un besoin urgent d'adopter une approche plus consciente et réfléchie dans la prise de décision.

Pour atténuer ces sentiments négatifs et rétablir notre bien-être, il est essentiel de procéder à une réflexion profonde avant de prendre des décisions. Cela comprend la prise en compte des conséquences potentielles pour soi et pour les autres, la recherche de conseils lorsque c'est nécessaire, et l'apprentissage de nos erreurs passées.

Développer la capacité à anticiper les résultats de nos actions et à faire des choix éclairés réduit significativement la peur et l'anxiété liées à l'incertitude, bâtissant ainsi une fondation solide pour notre santé mentale et émotionnelle. En cultivant la patience, la réflexion, et l'autocompassion, nous renforçons notre résilience, restaurons notre confiance en nous-mêmes et reprenons le contrôle de notre vie, nous dotant de meilleures armes pour faire face à l'adversité et progresser de manière constructive.

Dans le contexte de la spiritualité et des traditions chamaniques, cette conscience est souvent associée à la notion de vivre en harmonie avec les lois naturelles et universelles. Il s'agit de reconnaître que tout dans l'univers est interconnecté, et que nos pensées, paroles et actions résonnent bien au-delà de notre sphère personnelle, influençant le tissu même de l'existence.

Du point de vue psychologique, adopter une posture de vie consciente favorise une santé mentale et émotionnelle robuste. Cela permet aux individus de naviguer dans la vie avec une plus grande intentionnalité, réduisant les comportements impulsifs et les réactions automatiques qui mènent à des conséquences négatives. En anticipant les effets de nos actions, nous devenons plus aptes à choisir des voies qui reflètent nos valeurs les plus profondes et nos aspirations les plus élevées.

Philosophiquement, vivre consciemment nous confronte à l'importance du libre arbitre et de l'autodétermination. Cela nous rappelle que, malgré les circonstances extérieures, nous avons le pouvoir de choisir comment nous répondons à la vie, comment nous agissons dans nos relations et comment nous contribuons au monde qui nous entoure. Cette manière de vivre est un témoignage de la capacité humaine à transcender l'automatisme et à s'élever vers des niveaux supérieurs de compréhension et d'engagement.

En conclusion, «Vivre consciemment, c'est voir les conséquences avant toute action» est un principe qui nous guide vers une existence plus réfléchie et intentionnelle. Il nous incite à considérer l'impact de nos actions avec sagesse et compassion, nous ouvrant la voie à une vie enracinée dans la pleine conscience et la responsabilité. Adopter cette perspective est un choix puissant, un engagement à forger un avenir où chaque action est alignée avec notre vision la plus élevée de qui nous sommes et de ce que nous souhaitons devenir.

Je nous propose quelques étapes clés pour parvenir à pratiquer ce principe. Face à une prise de décision importante, la réflexion profonde avant toute action est essentielle. Cela implique de prendre le temps nécessaire pour évaluer toutes les conséquences potentielles de nos décisions, non seulement sur nous-mêmes, mais aussi sur les autres et sur notre environnement.

1. Pause et réflexion : Avant de prendre une décision, s'accorder un moment de pause. Cela permet de créer un espace mental nécessaire pour évaluer la situation avec plus de clarté et de sagesse.

2. Collecte d'informations : Rassembler toutes les informations pertinentes et envisager différents scénarios. Une compréhension approfondie du contexte et des options disponibles est essentielle.

3. Évaluation des conséquences : Penser aux effets immédiats et à long terme de toute décision, sur soi et sur les autres. Tenter de prévoir les répercussions positives et négatives.

4. Alignement avec vos valeurs : S'assurer que nos choix sont en harmonie avec nos principes et valeurs fondamentaux. Les décisions prises en accord avec nos convictions profondes sont plus susceptibles de mener à la satisfaction et à l'intégrité personnelle.

5. Consultation et partage : Discuter de nos options avec des personnes de confiance. Le partage de perspectives peut offrir de nouvelles idées et souligner des aspects que nous n'avions pas envisagés.

6. Écoute de l'intuition : Soyons attentifs à notre intuition. Souvent, notre intuition nous guide vers la bonne décision, surtout quand elle est difficile à prendre.

7. Considérer l'impact de nos décisions sur autrui : Trop souvent, nous oublions d'analyser les conséquences de nos choix pour ceux qui nous entourent. Ce manque de réflexion peut conduire à des malentendus, des déceptions, et parfois même à des conflits.

Partager la prise de décision avec les personnes impliquées permet non seulement de prévenir les conflits potentiels, mais aussi d'obtenir la compréhension puis le soutien des personnes concernées. Cette démarche n'est pas seulement une question d'éthique, c'est une stratégie pragmatique qui renforce les relations et améliore la qualité de nos décisions.

8. Prise de décision et lâcher-prise : Une fois la décision prise, s'engager pleinement et laisser de côté les doutes et les regrets. Le lâcher-prise est crucial pour avancer sans le poids des « et si… ».

9. Apprentissage et adaptation : Considérer chaque décision comme une opportunité d'apprentissage. Si les résultats ne sont pas ceux escomptés, prendre le temps de réfléchir à ce que nous pourrions faire différemment à l'avenir. Ainsi, nous appliquons le principe : « je sors toujours gagnant d'une situation : sois je gagne, sois j'apprends ».

En suivant ces étapes, nous favorisons une prise de décision consciente, réduisant ainsi les chances de regrets, d'incompréhension, de conflits et nous renforçons notre confiance en nous-mêmes et notre paix intérieure.

« La finalité ne peut être la perfection, mais la plénitude. »

La quête de perfection, enracinée dans nos cultures et nos psychés, juxtaposée à la sagesse proposée par Paching Hoé, qui prône la plénitude comme but ultime, offre un terrain fertile pour une réflexion approfondie sur les orientations de nos vies et aspirations spirituelles.

Origines et évolution du concept de perfection

Historiquement, la perfection est un idéal qui transcende les cultures et les époques. Elle trouve ses racines dans les philosophies antiques et les doctrines religieuses, où la perfection est souvent associée à la vertu, à l'excellence morale ou spirituelle. Dans le monde moderne, cette aspiration est amplifiée par des normes sociales et professionnelles exigeantes, érigeant la perfection comme symbole ultime de réussite et d'accomplissement. Cette quête incessante de perfection, bien qu'animée par des intentions louables, se révèle être une chimère, engendrant frustration et sentiment d'échec face à un idéal constamment hors de portée.

Perfection : une finalité sociétale

Notre société moderne, avec ses idéaux de réussite et d'excellence, conditionne ses membres à aspirer à une perfection souvent dictée par des critères extérieurs à soi. Cette quête est présentée comme une promesse de validation et de satisfaction ultimes. Elle nous plonge dans un cycle perpétuel d'insatisfaction et de comparaison, éloignant notre attention des richesses offertes par nos imperfections, véritables sources d'authenticité et de progrès personnel.

Perfectionnisme et estime de soi

La poursuite inlassable de la perfection révèle un manque d'estime de soi, servant de distraction pour éviter d'affronter nos véritables défis internes et empêchant une évaluation réaliste et bienveillante de nous-mêmes. Cette stratégie nous dissuade de fixer des objectifs atteignables qui nous permettraient de créer la plus belle vision de nous-mêmes. Cette quête se transforme en un cycle infructueux de validation externe, qui amplifie notre insatisfaction et notre sentiment de ne jamais être à la hautcur, et réduit d'autant notre estime de soi.

Vers un développement personnel authentique

Reconnaître cette dynamique nous ouvre la voie à un développement personnel authentique et gratifiant. Cultiver une acceptation de soi, valoriser nos progrès et nos efforts, indépendamment de l'atteinte de la perfection, nous permet d'orienter notre vie vers une meilleure estime de soi et un équilibre plus sain.

La plénitude comme voie libératrice

Face à l'illusoire quête de perfection, la pensée de Paching Hoé nous oriente vers la plénitude, un état d'acceptation et d'harmonie avec notre être et la vie elle-même. Cette philosophie souligne l'importance d'embrasser nos imperfections, de percevoir nos erreurs comme des opportunités d'apprentissage et de célébrer nos réussites à leur juste mérite. La plénitude repose sur la conviction que notre valeur intrinsèque ne se mesure pas à notre aptitude à atteindre un idéal de perfection, mais à notre intégrité, notre compassion et notre capacité à aimer et à être aimés.

La plénitude dans les traditions spirituelles

La philosophie de l'Égypte antique et le bouddhisme apportent chacun des perspectives uniques sur la notion de plénitude par rapport à la quête de perfection. La tradition égyptienne valorise l'importance de vivre en harmonie avec des principes universels et immuables. L'accent est mis sur la stabilité, l'harmonie sociale et personnelle, et l'ordre moral comme fondements d'une vie épanouie. Le bouddhisme, quant à lui, invite à l'acceptation de l'impermanence, et à la recherche de la voie du milieu. Cette approche enseigne que la quête de perfection est cause de souffrance. La plénitude, dans cette perspective, est atteinte par l'équilibre, source de paix intérieure. Ces traditions offrent une vision de la plénitude comme alternative à la perfection, encourageant une vie alignée sur des valeurs profondes de sagesse, d'équilibre et de compassion.

Applications pratiques de la plénitude

Adopter la plénitude comme guide de vie implique une acceptation de nos limitations et une reconnaissance de nos forces. Cela nous enseigne l'importance de valoriser l'effort personnel pour son mérite intrinsèque, de tirer des leçons de chaque expérience, et d'offrir une acceptation inconditionnelle dans nos interactions, rejetant l'idéal inaccessible de la perfection.

Embrasser la plénitude pour une vie enrichie

La philosophie de Paching Hoé nous invite à repenser notre quête éreintante de la perfection au profit de la plénitude. Elle est un appel vibrant à embrasser une existence plus authentique, plus équilibrée et plus satisfaisante. Cette vision nous incite à reconsidérer nos priorités, à nous libérer des chaînes de l'autojugement et à célébrer notre parcours unique vers une véritable acceptation de soi. En préférant la plénitude à la perfection, nous nous ouvrons à une vie marquée par la compassion, l'harmonie et une joie profonde et durable. Ce voyage vers notre essence véritable, nourri par la découverte et l'acceptation, enrichit notre existence et illumine notre chemin spirituel.

« La vérité est une croyance parmi d'autres. »

La proposition, apparemment provocatrice, de Paching Hoé est nuancée par ce qu'il ajoute, en attirant notre attention : « à l'exception des principes universels ». Cette perspective nous invite à remettre en question nos convictions et à nous lancer dans une quête continue de connaissance. Elle révèle que notre compréhension de ce que nous définissons comme « vrai » est susceptible de changer à plus ou moins long terme, influencée par les progrès de la connaissance, l'évolution du niveau de conscience de la société, ainsi que par les variations culturelles et les croyances dominantes à différents moments de l'histoire, ou tout simplement par l'expérience.

La fluidité de la vérité, son adaptation perpétuelle aux nouvelles découvertes et perspectives mouvantes, souligne son caractère éphémère. Accepter cette réalité nous conduit à reconnaître que nos certitudes actuelles pourraient être remises en question demain.

Cette posture de questionnement continu est cruciale pour notre croissance intellectuelle et spirituelle. Elle nous encourage à rester ouverts à l'exploration de nouvelles idées, à prendre en compte différentes perspectives, et à envisager la vérité comme un voyage plutôt qu'une destination. Dans ce cadre, la vérité devient une construction dynamique, remodelée par les avancées scientifiques, les mouvements sociaux, les évolutions culturelles, et le niveau de conscience de l'humanité, soulignant sa nature intrinsèquement subjective et contextuelle.

Cependant, mentionner les principes universels introduit une nuance importante, suggérant l'existence de principes, de valeurs, ou de réalités spirituelles qui, malgré le flux constant de changement, demeurent invariables à travers le temps, créant un ancrage dans notre relation avec Dieu.

Explorer cette idée à travers les enseignements de la philosophie égyptienne antique enrichit grandement notre compréhension de la vérité. Dans l'Égypte ancienne, la vérité, incarnée par la déesse Maât, symbolisait l'ordre, l'équilibre, la justice et la vérité éternelle — des principes fondamentaux qui régissent l'harmonie du cosmos, des divinités et des hommes. Cette conception montre que, même si nos interprétations humaines de la vérité peuvent varier, l'univers est structuré par des lois universelles et des principes immuables.

La philosophie égyptienne révèle l'importance de distinguer entre les vérités transitoires, modelées par nos perceptions et notre contexte, et la vérité éternelle, symbolisée par Maât. Cette distinction nous incite à séparer les connaissances évolutives des vérités fondamentales qui forment le socle inébranlable de notre existence.

La maxime du sage Ptahotep, « On ne peut atteindre les limites de l'art », nous offre une perspective complémentaire sur notre exploration de la vérité. Dans l'ancienne Égypte, l'art était vu non seulement comme une expression esthétique, mais aussi comme un moyen d'accéder à une compréhension plus profonde des réalités universelles et spirituelles. Ptahotep souligne l'infinité de l'apprentissage et de la découverte artistique, une métaphore de notre quête éternelle de la vérité. De même que l'artiste égyptien explorait sans cesse de nouvelles façons de représenter et de célébrer le Divin et le cosmique, nous sommes invités à reconnaître que notre compréhension de la vérité est un processus continu, toujours en expansion et jamais complet. Cette maxime nous rappelle que, tout comme l'art, la vérité transcende les limites de la perception humaine et nous défie constamment d'élargir notre horizon et d'approfondir notre compréhension du monde.

En embrassant les principes de la philosophie égyptienne, nous découvrons que la quête de la vérité va au-delà de la simple acquisition intellectuelle pour devenir un mode de vie aligné sur l'harmonie, la justice et l'équilibre universels. Ces vérités éternelles, qui orchestrent l'ordre cosmique et notre organisation personnelle, nous invitent à vivre en accord avec des réalités qui transcendent notre compréhension éphémère.

En conclusion, envisager la vérité à travers la sagesse égyptienne nous offre une vision plus nuancée et plus riche. Cette dernière souligne que, même si nos perceptions de la vérité peuvent changer, des vérités profondes, ancrées dans l'ordre universel, demeurent. Cette approche étendue de la quête de connaissance nous encourage à rester humbles face à l'immensité de l'univers, tout en cherchant à aligner notre vie sur des principes de justice, d'équilibre et d'harmonie, qui sont à la fois anciens et éternellement actuels. Ce voyage vers la compréhension de la vérité, enrichi par la tradition égyptienne, nous rappelle l'importance de reconnaître les limites de nos convictions actuelles tout en poursuivant un alignement avec les lois immuables qui régissent notre réalité.

« La liberté sans responsabilité individuelle, comme la liberté d'expression sans conscience, génère la violence. »

Cette affirmation de Paching Hoé nous amène à réfléchir sur la nature profondément liée de la liberté et de la responsabilité personnelle. Cette pensée souligne le potentiel destructeur d'une liberté pratiquée sans le garde-fou de la responsabilité et de la conscience, susceptible de mener au chaos et à la violence.

Dans un monde où l'individualisme prévaut souvent, la liberté perçue comme un droit inaliénable peut devenir un vecteur de conflits en l'absence de responsabilité. Cette situation nourrit des discours de haine et la propagation de fausses informations, soulignant l'importance cruciale de pratiquer la liberté d'expression avec conscience et responsabilité pour préserver l'harmonie sociale.

Exemples de dérives de la liberté sans conscience :

— Sur les réseaux sociaux et les médias : La communication débridée et sans limites se transforme en un vecteur de colère et de violence. Sous couvert d'anonymat, les plateformes de réseaux sociaux deviennent des terrains fertiles pour la désinformation, la propagande, et la violence verbale. Cela souligne la nécessité de mettre en place des contrôles rigoureux et d'éduquer les utilisateurs sur l'impact de leurs mots et partages en ligne. Quant aux médias en général, la nécessité de veiller à s'exprimer en totale liberté, mais en préservant la paix sociale.

— En politique : Les divergences d'opinions peuvent mener à des actes de violence, au rejet de l'autre, et à un non-respect de la pensée et des libertés fondamentales telles que le droit de circuler, de travailler, ou d'étudier, et d'exprimer ses opinions. Ces comportements menacent les piliers de la démocratie et exigent une réponse forte pour maintenir le respect et la coexistence pacifique entre les citoyens.

La responsabilité individuelle, définie comme la reconnaissance anticipée des conséquences de nos actions sur soi et sur la société, appelle à une approche de la liberté qui enrichit le bien-être collectif à travers le respect mutuel et la préservation de l'harmonie sociale.

Pour ce faire, des mesures éducatives, législatives et communautaires sont essentielles :

— **Éducation et sensibilisation :** Intégrer des cours sur la citoyenneté, l'éthique, et la communication non violente dans les programmes scolaires dès le plus jeune âge. Enseigner le droit à l'expression et aux pensées différentes, et sensibiliser au fait que la limite de notre liberté est déterminée par la liberté des autres. Chaque individu a le droit fondamental de vivre en paix et en harmonie. Il est essentiel de sensibiliser nos enfants au fait que cette manière de penser constitue une forme d'intolérance et qu'elle est synonyme de « la loi du plus fort » et est à l'origine de tous les conflits.

— **Cadres législatifs :** Réviser les lois sur la liberté d'expression pour inclure des garde-fous contre les abus tout en protégeant les droits fondamentaux. Il est peut-être temps de reconsidérer le droit de diffamer, d'humilier, d'offenser autrui si nous souhaitons vivre en paix les uns avec les autres et faire évoluer notre société paisiblement.

— **Engagement communautaire :** Encourager le dialogue ouvert et les forums publics pour partager des idées et résoudre des conflits de manière pacifique.

— **Institutions démocratiques :** Renforcer les institutions démocratiques pour garantir que toutes les voix soient entendues et respectées.

Les enseignements de Ptahotep, un sage de l'Égypte antique, résonnent avec l'approche de Paching Hoé. Ptahotep souligne l'importance de la sagesse, du respect mutuel et de la modération dans la parole et l'action. Il met en lumière la quête d'un comportement quotidien qui découle de la conscience de notre interconnexion profonde avec les autres et avec l'univers. Pour

Ptahotep, la véritable liberté émerge non pas de la poursuite de nos désirs individuels, mais d'une vie vécue en accord avec des principes éthiques qui favorisent l'équilibre et la justice sociale. L'engagement envers ces valeurs est présenté comme le chemin vers une existence épanouie. Les enseignements de Ptahotep nous orientent vers une vie enracinée dans la reconnaissance de notre rôle au sein d'un tissu social et universel plus vaste.

Les perspectives de penseurs modernes tels qu'Amartya Sen et Martha Nussbaum enrichissent cette réflexion sur le lien entre liberté et responsabilité. Selon Sen, la liberté ne peut être pleinement réalisée que si les individus disposent des moyens nécessaires pour exercer cette liberté de manière responsable. De même, Nussbaum souligne que la liberté doit être accompagnée de responsabilités sociales et éthiques pour garantir une véritable justice et égalité. En adoptant ces perspectives, nous reconnaissons que la liberté individuelle et la responsabilité collective sont intrinsèquement liées, et que promouvoir une liberté éclairée nécessite des structures sociales et politiques qui soutiennent le bien-être de tous.

En définitive, l'approche de Paching Hoé, alignée avec ces perspectives historiques et modernes, nous incite à reconsidérer notre relation à la liberté. Elle souligne le rôle central de la responsabilité personnelle dans l'exercice de la liberté. Nous sommes invités à adopter une liberté consciente et éclairée, qui non seulement respecte la diversité d'opinion et le bien-être d'autrui, mais promeut également un dialogue constructif et une coexistence pacifique. En adoptant cette voie, nous œuvrons pour l'avènement d'une société où prévalent le respect mutuel et l'équilibre social, convaincus que la plus authentique expression de la liberté se trouve dans l'harmonie entre la liberté individuelle et la conscience collective.

« Le féminin et le masculin sont égaux en droit et complémentaires en capacités. »

Paching Hoé nous plonge au cœur d'une vérité fondamentale sur la nature humaine et l'ordre cosmique, révélant l'indissociable interdépendance et la complémentarité entre le féminin et le masculin. Cette vision est un appel à transcender les croyances traditionnelles qui ont souvent placé le masculin en position de supériorité par rapport au féminin, pour embrasser une compréhension plus profonde et équilibrée de ces énergies essentielles.

Au carrefour de la psychanalyse, de la philosophie et des traditions spirituelles, la théorie de la complémentarité, telle que développée par Carl Gustav Jung, nous offre un cadre pour comprendre cette dynamique. Selon Jung, le féminin et le masculin, ou anima et animus dans sa terminologie, sont présents et opérants dans la psyché de chaque individu, indépendamment de son sexe biologique. Cette interrelation souligne que l'unité et la complétude de l'être résident dans l'équilibre et l'intégration harmonieuse de ces aspects.

La sagesse antique égyptienne, à travers le mythe d'Isis et Osiris, incarne cette vérité. Leur histoire n'est pas uniquement celle d'un amour éternel, mais aussi une allégorie de la nécessité de l'union des opposés pour la renaissance et le maintien de l'équilibre universel. De même, les concepts de Yin et Yang dans la philosophie chinoise dépeignent une vision du monde où le féminin et le masculin, bien que distincts, sont profondément interconnectés, leur danse perpétuelle créant la toile de la réalité.

Cette compréhension n'illumine pas seulement la voie vers une pleine réalisation de soi, mais façonne aussi nos interactions avec les autres. Dans les relations, que ce soit dans le couple, la famille ou au travail, reconnaître et valoriser l'égalité en droits et la complémentarité en capacités du féminin et du masculin invite à un dialogue plus riche, à une collaboration plus productive et à des liens plus empathiques. Cela conduit à une refonte des dynamiques traditionnelles, offrant une alternative vivante au patriarcat, par la promotion d'un équilibre qui honore et intègre les qualités de chacun.

En pratique, cette vision transforme notre manière d'aborder le leadership, la prise de décision et la créativité. Elle encourage un leadership plus inclusif, où l'écoute et l'intuition, souvent associées au féminin, et la décision et l'action, attribuées au masculin, s'équilibrent pour guider vers des solutions innovantes et harmonieuses. Dans la sphère familiale, cela permet une éducation ouverte où les enfants apprennent la valeur de l'équité, de la coopération et de la complémentarité dès leur plus jeune âge, posant ainsi les fondations d'une société plus équilibrée.

La convergence des principes de Paching Hoé, de la psychanalyse jungienne, des sagesses égyptienne et chinoise nous mène à une réflexion profonde sur la nature même de notre réalité. Elle nous rappelle que chaque individu, chaque relation, chaque société prospère sur l'équilibre et l'harmonie entre le féminin et le masculin. C'est dans l'embrassement de cette unité, dans la reconnaissance de notre interdépendance, que réside le potentiel de guérison, de croissance et d'épanouissement pour l'humanité tout entière.

« Lorsque j'en ai trop, c'est qu'il en manque à quelqu'un. »

La citation de Paching Hoé éclaire d'une lumière vive la question de l'équité et de la justice sociale dans notre monde. Cette assertion nous confronte à la réalité des inégalités dans la distribution des ressources et des biens, nous rappelant la nécessité d'une conscience collective orientée vers le partage équitable.

Cette réflexion nous invite à contempler les effets de nos choix de consommation et de vie sur la communauté et l'environnement. Elle met en exergue l'importance de la solidarité, et le lien intrinsèque entre le bien-être individuel et celui de la communauté. Dans un monde où l'abondance des uns peut signifier le dénuement des autres, cette phrase agit comme un rappel de notre responsabilité partagée envers un avenir plus inclusif et juste.

Du point de vue de la psychanalyse, cette prise de conscience nous amène à explorer les zones d'ombre de notre psyché, ces aspects que nous préférons occulter. Carl Jung nous enseigne que l'intégration de cette ombre est essentielle pour atteindre une complétude psychique. Reconnaître que notre surplus peut constituer une carence pour autrui nous invite à affronter et à réconcilier ces aspects égoïstes de notre être, contribuant ainsi à notre propre processus d'individuation tout en adressant les déséquilibres sociaux.

Les traditions spirituelles et chamaniques, dont la sagesse ancienne égyptienne, résonnent avec cette idée. Elles nous rappellent que nous sommes tous interconnectés, et que chaque action a des répercussions au-delà de notre sphère immédiate. L'harmonie universelle, ainsi que l'ordre et la justice symbolisés par Maât, reposent sur notre capacité à maintenir cet équilibre délicat entre donner et recevoir.

Dans la vie quotidienne, cette pensée nous pousse à réévaluer notre rapport à la possession, au partage et à la solidarité. Elle nous encourage à adopter des modes de vie qui, non seulement, respectent l'équilibre naturel et social, mais contribuent activement à la réparation et à la guérison de notre monde. Choisir consciemment de vivre de manière plus sobre et solidaire devient un acte puissant de transformation personnelle et collective.

En conclusion, la vision de Paching Hoé transcende la critique de l'injustice économique pour appeler à l'éveil de la conscience, à la compassion et à l'engagement actif. Elle nous montre que chaque décision prise dans un esprit d'abondance excessive cache une opportunité de rééquilibrage, de solidarité et de manifestation des principes d'équité et de partage. En embrassant cette vision, nous travaillons de concert pour une humanité où la prospérité est partagée équitablement, affirmant notre responsabilité collective dans la création d'une société où l'abondance de quelques-uns ne se traduit plus jamais par la pénurie pour les autres.

« L'intuition est "l'intelligence supérieure" : jamais elle ne nous ment, jamais elle ne se trompe. »

Qualifier l'intuition d'«intelligence supérieure» ouvre une fenêtre intrigante sur la compréhension humaine et spirituelle. Loin de se limiter à une simple réaction instinctive, l'intuition est présentée comme une voie d'accès privilégiée à la vérité, une capacité intrinsèque à percevoir et à comprendre au-delà des limites du raisonnement analytique. Selon Paching Hoé, l'intuition est le lien qui nous unit à notre esprit supérieur, à notre âme, l'intuition est pure et infaillible. Cette approche met en lumière le contraste entre la connaissance intuitive et les méthodes conventionnelles de compréhension, soulignant la profondeur et la fiabilité de l'intuition comme moyen de saisir les réalités qui nous échappent souvent.

Dans certains contextes, l'intuition s'avère plus efficace que le raisonnement analytique, grâce à sa capacité à synthétiser rapidement des informations complexes, à percevoir des connexions non évidentes et à fournir des compréhensions instantanées là où l'analyse rationnelle exige du temps et une décomposition méthodique des faits. Voici quelques domaines où l'intuition se montre particulièrement puissante :

1. Prise de décision sous pression : Lorsqu'il y a urgence ou absence d'informations complètes, l'intuition permet de prendre des décisions rapides. Les professionnels expérimentés, comme les pompiers ou les médecins d'urgence, s'appuient souvent sur leur intuition pour choisir rapidement la meilleure voie d'action dans des situations critiques.

2. Créativité et innovation : L'intuition joue un rôle crucial dans les processus créatifs. Elle aide à faire des liens inattendus entre des idées apparemment disjointes, conduisant à des découvertes et des innovations. De nombreux scientifiques et artistes rapportent que leurs meilleures idées leur sont venues de manière intuitive, plutôt qu'à travers un processus d'analyse strict.

3. Compréhension interpersonnelle : Dans les interactions sociales, l'intuition aide à lire entre les lignes, à interpréter le langage corporel et les émotions non exprimées. Cette sensibilité intuitive peut conduire à une meilleure empathie et à des réponses plus adaptées aux besoins des autres, au-delà de ce que les mots peuvent dire.

4. Reconnaissance de modèles : L'intuition excelle dans la reconnaissance de modèles et la détection de tendances au sein de grands ensembles de données, souvent sans que l'individu ne puisse expliquer concrètement comment il en est arrivé à une certaine conclusion. Cela s'avère utile dans des domaines comme le trading, le management, l'analyse de risques, la stratégie en entreprise, la recherche, la médecine.

5. Navigation dans l'incertitude : Face à l'incertitude et à l'ambiguïté, l'intuition permet de s'orienter quand les données sont insuffisantes ou contradictoires. Elle peut offrir un « sens » ou une « direction » quand la logique seule tourne en rond, guidant vers des solutions qui, bien que non garanties, se révèlent souvent efficaces.

Bien que l'intuition ne doive pas remplacer le raisonnement analytique, son utilisation en complément enrichit la prise de décision, la résolution de problèmes et la compréhension humaine. Son intégration consciente dans nos processus cognitifs contribue à une approche plus holistique et adaptable, capitalisant sur le meilleur des deux mondes pour une efficacité et une compréhension optimales.

Dans ce panorama, l'intuition est reconnue pour sa capacité à révéler des vérités cachées, agissant comme un pont entre le conscient et l'inconscient, le matériel et le spirituel. Les traditions psychanalytiques, spirituelles, chamaniques, et philosophiques convergent vers une valorisation de l'intuition comme outil de connaissance et de guidance, soulignant son rôle essentiel dans la quête humaine de sens et de vérité. Cette perspective universelle suggère que l'intuition transcende les barrières culturelles et temporelles, nous connectant à une sagesse et à une intelligence qui dépassent l'entendement logique.

La maxime du sage égyptien Ptahotep, «Suis ton cœur aussi longtemps que tu vis», encourage l'écoute et la confiance en son intuition pour une vie authentique et épanouissante. Cette intuition, considérée comme une sagesse directe du cœur, guide les décisions sans dépendre entièrement de la raison. En suivant ce guide intérieur, nous maintenons l'authenticité et l'équilibre entre émotion et raison, favorisant des choix alignés avec les valeurs personnelles. Cette approche enrichit la prise de décision, surtout dans des situations complexes, et favorise un développement personnel profond, conduisant à une existence plus pleine et significative.

Paching Hoé nous invite à une réévaluation de nos propres processus de pensée et de décision. Il nous pousse à considérer l'intuition, non comme une alternative mineure à la raison, mais comme une composante essentielle de notre être, offrant des compréhensions instantanées précieuses et souvent plus justes que celles obtenues par la seule analyse. Cette reconnaissance de l'intuition enrichit notre expérience du monde, nous permettant de naviguer dans la complexité de l'existence avec une plus grande ouverture.

En résumé, l'invitation de Paching Hoé à valoriser et à faire confiance à notre intuition est un appel à embrasser pleinement notre potentiel humain. Elle nous encourage à reconnaître l'intuition comme un guide fiable dans notre quête de vérité, nous rappelant que les réponses aux questions les plus profondes de la vie résident dans la sagesse intérieure plutôt que dans la quête extérieure de connaissances. Cette approche résonne avec une vision holistique de l'être, où intuition, pensée, et action se conjuguent pour former un chemin vers une compréhension plus complète et enrichissante de notre monde et de nous-mêmes.

« L'inconscient cache notre ombre, mais aussi et surtout, l'être
que nous cherchons à créer. »

La citation de Paching Hoé offre une exploration enrichie de la dynamique entre l'ombre de l'inconscient et la puissance créative qui réside en chacun de nous. Cette perspective intègre des éléments de psychanalyse, de spiritualité et de philosophie pour tracer un chemin vers une compréhension profonde de soi-même, où les défis personnels et les aspects sombres ne sont pas des obstacles, mais des sources de croissance et de transformation.

L'ombre et la lumière de l'être

Au cœur de cette réflexion se trouve la notion d'ombre, décrite par Carl Gustav Jung, qui représente les parties de nous-mêmes que nous préférons ignorer ou cacher. L'exploration de l'inconscient révèle non seulement nos peurs et désirs cachés ou ignorés, mais aussi la capacité innée à transcender ces ténèbres pour révéler et créer l'être que nous souhaitons devenir. La confrontation avec notre ombre est ainsi vue non comme une fin en soi, mais comme un passage nécessaire vers une plus grande intégration et authenticité.

Paching Hoé envisage l'ombre comme un tout composé de deux éléments distincts, mais complémentaires : la partie obscure et la partie lumineuse. La partie obscure contient nos fausses croyances, nos mauvaises expériences et nos faux principes, qui sont globalement partagés par l'humanité. En contraste, la partie lumineuse de notre ombre révèle les valeurs, les principes divins et notre potentiel. Cette dualité entre l'ombre et la lumière crée le conflit intérieur stimulant ainsi l'évolution de notre conscience, pour découvrir et embrasser pleinement notre potentiel humain.

La créativité inhérente à notre nature

Paching Hoé nous invite à considérer l'inconscient non seulement comme un lieu d'ombre, mais surtout comme une source foisonnante de potentiel créatif. Cette dualité est le terreau d'une transformation personnelle profonde, où l'individu devient acteur de sa propre évolution, utilisant sa compréhension et son acceptation de soi pour forger activement son avenir.

Paching Hoé nous offre une vision d'espoir et libératrice. Nos fausses croyances découlent de l'histoire collective de l'humanité, nous n'en sommes pas directement responsables. Notre véritable mission est de redécouvrir qui nous sommes réellement, en nous libérant des influences négatives qui résident dans l'inconscient pour éveiller pleinement notre conscience. Il est crucial d'examiner nos croyances, en distinguant celles qui s'alignent avec les principes universels et qui résonnent avec nos aspirations profondes. Nous devons choisir de conserver uniquement les croyances qui nous rapprochent de l'image que le Créateur a de nous, celles qui nous permettent de nous réaliser. En adoptant cette vision lumineuse de nous-mêmes, nous découvrons notre essence et, en vivant selon ces nouvelles convictions, nous réalisons notre plein potentiel. Ainsi, nous accomplissons la mission de notre âme sur terre : nous rapprocher davantage du Créateur.

Vers une transformation personnelle et collective

L'implication pratique de cette nouvelle connaissance nous guide vers une vie où la curiosité, l'ouverture et la compassion envers soi-même deviennent des outils puissants de guérison et de création. Elle nous encourage à embrasser la complexité de notre être, à valoriser chaque expérience comme une opportunité de croissance et à œuvrer consciemment à la réalisation de notre potentiel.

La philosophie égyptienne, notamment à travers le mythe d'Isis et Osiris, résonne avec cette vision, nous rappelant que l'harmonie et la complétude naissent de l'acceptation et de l'intégration des polarités. Les traditions spirituelles et chamaniques renforcent cette idée, soulignant notre interconnexion et notre responsabilité partagée dans la quête d'un équilibre personnel et collectif.

Innovation et résonance contemporaine

Tout en s'inscrivant dans une lignée de réflexions ancestrales et psychanalytiques, la manière dont Paching Hoé articule la polarité « ombre-lumière » apporte une perspective fraîche et particulièrement pertinente à notre époque. En soulignant le rôle actif que nous jouons dans notre propre développement, cette pensée ouvre des voies innovantes pour naviguer dans les complexités de l'existence moderne, offrant un cadre pour l'autoréflexion et la création de soi qui résonne profondément avec les aspirations contemporaines à l'authenticité et à l'épanouissement personnel.

Conclusion

Cette réflexion nous rappelle que chaque individu porte en lui à la fois l'ombre de ses croyances et le potentiel lumineux de sa propre création. Reconnaître et intégrer ces aspects est la clé pour avancer sur le chemin de l'évolution personnelle, en transformant les défis en opportunités de croissance et en participant activement à la sculpture de notre destinée. Dans ce voyage, nous sommes à la fois l'artiste et la matière, façonnant avec courage et créativité l'être que nous aspirons à être.

« Qu'est-ce que le courage ? La foi. Le remède à la peur ? La foi. »

Paching Hoé nous offre une réflexion sur les concepts de courage et de peur, en plaçant la foi au cœur de notre capacité à affronter les obstacles et à naviguer dans l'incertitude de l'existence. Cette perspective, à la fois simple et transformatrice, résonne à travers différentes dimensions de l'expérience humaine, nous invitant à redéfinir notre compréhension de la force intérieure et de la manière dont nous pouvons transcender nos peurs.

La nature du courage revisitée

Traditionnellement perçu comme une bravoure qui défie le danger, le courage selon Paching Hoé s'ancre dans une foi profonde, une confiance qui dépasse la notion conventionnelle de la bravoure. Cette foi, non limitée à une compréhension religieuse, englobe la confiance en soi, en l'ordre cosmique, ou en un idéal qui guide nos pas. C'est cette foi qui nous permet de rester fermes face à l'adversité, nourris par la conviction que chaque épreuve porte en elle les germes d'un épanouissement ultérieur.

La foi, antidote à la peur

La peur, souvent considérée comme un obstacle paralysant, est abordée ici comme une émotion que l'on peut apprivoiser par la foi. Plutôt que de chercher à éradiquer la peur, Paching Hoé nous suggère de l'embrasser, avec la foi pour compagnon de voyage. Cette foi offre une perspective élargie, nous connectant à une force plus grande, capable de transformer notre expérience de la peur en une opportunité de croissance.

Une résonance universelle

Les traditions spirituelles et chamaniques voient dans la foi une connexion sacrée avec le Tout, tandis que la philosophie égyptienne souligne la foi dans l'ordre et l'équilibre cosmiques comme fondements de l'harmonie.

Applications au quotidien

Dans la vie de tous les jours, le courage prend la forme d'un parent qui travaille dur pour subvenir aux besoins de sa famille, d'un étudiant qui persévère dans ses études malgré les difficultés, ou d'une personne qui se lève pour défendre une cause juste. Dans chacun de ces cas, c'est la foi — que ce soit en eux-mêmes, en l'importance de leur mission, ou en l'avenir — qui les pousse à agir courageusement.

Cette citation nous invite à adopter une posture de foi active. Que ce soit dans les défis professionnels, les engagements familiaux ou les initiatives personnelles, c'est la foi en nos valeurs, en notre mission, et en l'avenir qui inspire des actions courageuses. Elle nous pousse à transcender la peur non par déni, mais par une confiance en la validité de nos choix et en notre capacité à influencer positivement notre réalité.

Conclusion

En intégrant ces perspectives, nous dévoilons une compréhension enrichie de la pensée de Paching Hoé : le courage véritable et le dépassement de la peur résident dans une foi profonde et multidimensionnelle. Cette foi, loin d'être une abstraction, se manifeste concrètement dans notre capacité à agir avec cœur et détermination face à l'incertain. « Qu'est-ce que le courage ? La foi. Le remède à la peur ? La foi. » se révèle être une boussole pour notre voyage personnel et collectif, nous guidant vers une existence où chaque pas, soutenu par la foi, est une étape vers notre réalisation la plus authentique et notre contribution la plus sincère au monde.

« Dieu se cache dans l'inconscient collectif. »

Cette citation de Paching Hoé doit être envisagée davantage comme une interrogation plutôt qu'une certitude. Elle suggère qu'à travers l'inconscient collectif, nous ne faisons qu'un avec Dieu, et que son omniprésence est un puissant moteur de notre évolution.

Explorons cette idée à travers les concepts de la psychanalyse, en particulier ceux développés par Carl Gustav Jung. Jung a introduit la notion d'inconscient collectif, qu'il a décrit comme un ensemble de croyances, de symboles et de motifs archétypaux partagés à travers les cultures et les époques, constituant une sorte de patrimoine psychique commun à toute l'humanité. Parmi ces motifs communs, on trouve des figures spirituelles et divines qui apparaissent dans les mythes, les rêves et les religions à travers le monde, suggérant que la quête du Divin et la spiritualité sont profondément ancrées dans la psyché humaine.

Cette interprétation ne réduit pas la spiritualité à de simples créations de l'esprit humain. Au contraire, elle reconnaît sa profondeur psychologique et son importance dans nos vies. L'expérience du Divin, sous ses diverses formes culturelles, provient des profondeurs de l'inconscient collectif, où se trouvent les motifs universels de notre existence.

Les principes universels dans l'inconscient collectif

Dans la perspective de Paching Hoé, l'inconscient collectif contient la mémoire des expériences et croyances de l'humanité, parmi lesquelles certaines sont erronées ou limitantes. Cependant, il est également le siège de principes universels lumineux, comme l'amour inconditionnel, l'éternité et le libre arbitre. Ces principes, selon Paching Hoé, reflètent l'essence même du Créateur. Ancrés dans l'inconscient collectif, ils résonnent avec l'idée d'un divin caché au cœur de notre psyché collective. Une fois reconnus et intégrés, ils nous guident vers une existence en harmonie avec les valeurs les plus élevées de l'humanité : la générosité, la confiance, le respect de soi et des autres, le sens du service.

Accéder aux connaissances cachées de l'inconscient

C'est un défi exploré par la psychanalyse, le chamanisme et diverses traditions spirituelles.

— **Psychanalyse** : Sigmund Freud et Carl Jung ont proposé des méthodes pour explorer l'inconscient. Freud voyait les rêves comme une «voie royale» pour révéler les désirs refoulés et utilisait l'association libre pour faire émerger des pensées inconscientes. Jung, quant à lui, se concentrait sur l'inconscient collectif et les archétypes universels, accessibles via l'analyse des rêves et le processus d'individuation, visant à intégrer les aspects conscients et inconscients de la personnalité.

— **Chamanisme** : Le chamanisme utilise des états de transe induits par des rythmes, des chants ou des plantes psychotropes pour voyager dans des mondes spirituels. Les chamans consultent des esprits, des guides, pour obtenir des connaissances cachées, et pratiquent des rituels de guérison pour libérer des blocages émotionnels. Les quêtes de vision, où l'individu médite seul dans la nature, sont également courantes pour révéler des aspects cachés de soi-même. Pour Paching Hoé, l'accès à un «état de conscience modifié» autorise le voyage dans l'inconscient collectif.

— **Autres traditions spirituelles** : La méditation, comme le Vipassana ou la méditation Zen, et le yoga, notamment le Kundalini yoga, visent à calmer l'esprit et à éveiller l'énergie latente en nous. Le mysticisme, par des états d'extase, cherche l'union avec le Divin, révélant des vérités profondes sur soi et l'univers.

— **L'importance de l'expérimentation selon Paching Hoé :** Une méthode essentielle pour accéder aux connaissances cachées dans notre inconscient, souvent négligée, est l'expérimentation de ce que nous ne connaissons pas, ou ne savons pas faire. En osant faire l'expérience de l'inconnu, nous découvrons des connaissances et des potentiels cachés en nous. Cette pratique met en lumière notre réelle potentialité, soulignant l'importance de l'action. Comme le dit un maître spirituel : « Je ne t'enseigne pas, je t'aide à te souvenir. » Par le faire, nous réveillons les savoirs et compétences enfouis dans notre inconscient, révélant ainsi notre véritable essence et capacités. Ces diverses approches offrent des outils uniques pour un voyage introspectif profond, permettant d'accéder à des connaissances cachées et d'intégrer des aspects souvent inconscients de notre être.

Conclusion

Par son intuition que « Dieu se cache dans l'inconscient collectif », Paching Hoé nous invite à explorer les dimensions plus profondes de notre être. En reconnaissant et en intégrant les principes lumineux qui résident dans notre inconscient collectif, nous pouvons surmonter nos parts d'ombre et nos croyances limitantes. Cette quête spirituelle nous reconnecte avec les aspects les plus élevés de notre nature, tels que la générosité, la confiance et le sens du service. En cultivant une connexion consciente avec ces principes universels, nous entamons un processus de transformation intérieure. Ainsi, nous pouvons refléter dans notre vie quotidienne les qualités du Divin, comme l'amour, la liberté et la créativité. Cette démarche nous ouvre à une compréhension plus profonde de la spiritualité, où Dieu est une présence intime inscrite dans l'essence même de notre être collectif et individuel.

« Nous nous éloignons de la religion, car l'expérience avec
Dieu est une expérience individuelle. »

Cette citation de Paching Hoé touche au cœur de la spiritualité moderne et à la manière dont les individus cherchent et vivent leur connexion avec le Divin. Elle suggère que l'évolution spirituelle d'une personne est parfois en décalage avec les cadres institutionnels de la religion, la poussant vers une quête plus personnelle et directe de la Divinité.

Cette perspective révèle une compréhension de la nature intime et unique de l'expérience spirituelle, contrairement aux pratiques religieuses traditionnelles, souvent caractérisées par des rituels collectifs et des croyances partagées et non négociables. La réalité de Dieu étant éternelle, elle évolue chez les humains en fonction de leur évolution de conscience. L'expérience avec Dieu dont parle Paching Hoé est profondément personnelle, ne pouvant être pleinement encadrée ou médiée par des institutions externes.

En psychologie, l'importance de l'expérience individuelle dans la recherche de sens et de connexion spirituelle est bien reconnue. Les individus sont de plus en plus en quête d'une spiritualité qui permet l'autonomie, l'authenticité et une exploration personnelle du sacré. Cette démarche individuelle vers le Divin peut conduire à une spiritualité plus flexible, adaptative et en résonance avec les expériences de vie personnelles.

Dans les traditions chamaniques et spirituelles non conventionnelles, la connexion avec le Divin est envisagée comme un voyage intérieur, une exploration de la conscience qui transcende les frontières des religions institutionnalisées. Ces traditions mettent l'accent sur l'expérience directe du sacré, à travers la méditation, les voyages spirituels ou les rituels personnalisés, soulignant la singularité de chaque parcours spirituel.

Philosophiquement, cette citation de Paching Hoé invite à réfléchir sur la distinction entre la foi et la religiosité. Elle nous pousse à considérer la spiritualité non seulement comme un ensemble de pratiques et de croyances partagées, mais aussi comme une quête personnelle de compréhension et de relation avec le Divin. Cette distinction indique l'importance de l'expérience personnelle dans la construction de la foi et dans la manière dont nous vivons notre spiritualité.

La maxime de Ptahotep, « L'art n'a pas de limite et aucun artiste ne possède la perfection », offre un éclairage sur l'expérience spirituelle individuelle. Dans l'Égypte ancienne, l'art n'était pas simplement une quête esthétique ; il était intrinsèquement lié à la recherche spirituelle. Concevoir l'art comme une exploration sans limites trouve un écho direct dans la notion moderne d'une spiritualité personnelle qui transcende les structures institutionnelles traditionnelles. Tout comme aucun artiste ne peut atteindre la perfection, aucune expérience spirituelle ne peut être totalement encadrée par des normes. Les deux domaines encouragent une exploration continue et personnelle, où la perfection n'est pas un but, mais un horizon toujours en mouvement, incitant à un développement et à une compréhension continus.

En conclusion, la réflexion de Paching Hoé sur la nature individuelle de l'expérience avec Dieu souligne un mouvement vers une spiritualité plus personnelle et introspective. Elle nous invite à reconnaître et à honorer la diversité des parcours spirituels, rappelant que la quête de connexion avec le Divin est profondément personnelle et ne peut être pleinement définie par des cadres extérieurs. Cette perspective enrichit notre compréhension de la spiritualité, nous encourageant à chercher et à vivre notre propre vérité spirituelle avec authenticité et ouverture.

« À quoi bon la souffrance, si au bout il n'y a pas la lumière ? »

La citation de Paching Hoé, explorant la souffrance comme une voie transformatrice vers une compréhension plus profonde de soi et du monde, ouvre un dialogue riche entre la psychanalyse, la spiritualité et la philosophie. Cette analyse offre une perspective holistique sur la place de la souffrance dans l'évolution personnelle et la quête de sens.

La souffrance comme phénomène universel et transformateur

La souffrance, une expérience universelle et inévitable de l'existence humaine, est souvent perçue de manière exclusivement négative. Cependant, la vision proposée par Paching Hoé suggère que la douleur et les épreuves possèdent une capacité intrinsèque à mener vers une « lumière » — une métaphore de la sagesse, de la croissance personnelle ou d'une révélation significative. Cette perspective éclaire la souffrance non pas comme une impasse de désespoir, mais comme un chemin de transformation.

La souffrance à travers le prisme de la psychanalyse

Les recherches de Carl Jung révèlent que la souffrance nous aide à grandir sur un plan personnel. Elle nous incite à affronter ce que nous dissimulons ou ignorons de nous-mêmes, favorisant un cheminement vers une compréhension plus approfondie de notre être. Ce processus de réflexion et d'introspection nous mène à une évolution intérieure, nous permettant ainsi de mieux nous connaître.

Enseignements spirituels et traditionnels sur la souffrance

Les traditions spirituelles et chamaniques présentent la souffrance comme un élément central des rites de passage et des épreuves, utilisant la douleur pour accéder à une nouvelle compréhension de soi et du cosmos. Cette vision de la souffrance en tant qu'invitation à transcender l'ego et à se connecter à une réalité plus grande réaffirme son rôle de vecteur de transformation spirituelle.

91

La philosophie et la croissance à travers la douleur

En Égypte ancienne, la souffrance était considérée comme un déséquilibre nécessaire qui stimulait la réflexion, la remise en question et la croissance personnelle. La philosophie propose une vision où la souffrance, bien que douloureuse, incite à l'acquisition de la sagesse, de la compassion et d'une conscience plus aiguë de notre humanité partagée.

Implications contemporaines et personnelles de la souffrance

Reconnaître le potentiel de croissance inhérent à la souffrance nous invite à adopter une vision plus optimiste de nos propres épreuves. Cela incite à une exploration courageuse de la douleur non comme un ennemi à éviter à tout prix, mais comme une occasion d'apprentissage et d'évolution personnelle.

La souffrance comme catalyseur de lumière

Cette citation nous révèle que la souffrance, loin d'être un simple obstacle à notre bonheur, peut être embrassée comme une composante cruciale de notre développement spirituel et psychologique. « À quoi bon la souffrance, si au bout il n'y a pas la lumière ? » nous rappelle que c'est dans nos périodes les plus sombres que nous pouvons trouver les clés pour débloquer des portes vers une conscience plus élevée, vers une lumière qui éclaire non seulement notre propre chemin, mais enrichit aussi notre connexion au monde. Cette compréhension transforme notre approche de la souffrance, la révélant comme une étape nécessaire sur le parcours de la découverte de soi et de l'atteinte d'une harmonie plus profonde.

La souffrance peut-elle conduire à la lumière ?

La souffrance, qu'elle soit physique ou morale, peut être perçue comme un outil puissant pour l'évolution de la conscience et la croissance personnelle. Voici comment :

1. Prise de conscience et acceptation :

— Souffrance Physique : La douleur physique nous oblige à devenir conscients de notre corps et de ses limites, favorisant ainsi l'adoption d'un mode de vie plus sain. L'acceptation de la douleur comme une partie de notre expérience développe la résilience et la patience.

— Souffrance Morale : Les épreuves émotionnelles et psychologiques, telles que la perte ou le stress, nous poussent à reconnaître et à accepter nos sentiments profonds. Cela nous aide à développer une meilleure compréhension de nous-mêmes et à travailler sur nos vulnérabilités.

2. Développement de la résilience :

— Souffrance Physique : Traverser des épreuves physiques renforce notre résilience mentale, nous enseignant à persévérer malgré les douleurs et les limitations corporelles.

— Souffrance Morale : Les défis émotionnels, comme le deuil ou l'anxiété, nous enseignent à surmonter les obstacles psychologiques, renforçant notre endurance mentale et notre capacité à faire face à l'adversité.

3. Humilité et gratitude :

— Souffrance Physique : La douleur physique nous rend plus humbles et reconnaissants pour les moments de bien-être, éclairant notre vision de la vie et nous aidant à apprécier les petites joies quotidiennes.

— Souffrance Morale : Les souffrances morales nous rappellent la fragilité de la condition humaine, nous incitant à éprouver de la gratitude pour les relations et les expériences positives qui enrichissent notre vie.

4. Spiritualité et connexion intérieure :

— Souffrance Physique : La douleur physique ouvre la voie à une réflexion spirituelle plus profonde, nous incitant à chercher un sens plus grand à la vie et à explorer des pratiques spirituelles ou méditatives. Elle est aussi un rappel puissant de notre vulnérabilité et de notre humanité.

— Souffrance Morale : Les épreuves émotionnelles nous poussent à explorer notre monde intérieur et à rechercher des connexions spirituelles plus profondes, nous aidant à trouver du réconfort et un sens à travers des pratiques comme la méditation, la prière ou la contemplation.

5. Transformation et croissance personnelle :

— Souffrance Physique : La douleur physique catalyse un changement personnel, nous poussant à redéfinir nos priorités et à chercher des solutions créatives pour améliorer notre qualité de vie.

— Souffrance Morale : Les expériences émotionnelles difficiles nous sensibilisent à la souffrance des autres, renforçant notre compassion et notre capacité à aider ceux qui traversent des situations similaires. Cela nous pousse également à évoluer et à grandir en tant qu'individus, en tirant des leçons précieuses de nos épreuves.

Conclusion

La souffrance physique et morale impacte différemment notre existence, mais chacune peut devenir une voie vers la lumière en favorisant la prise de conscience, la résilience, l'humilité, la spiritualité et la croissance personnelle. En intégrant ces expériences, nous trouvons un sens plus profond et une compréhension plus riche de nous-mêmes et de la vie, transformant ainsi la souffrance en un outil puissant pour l'évolution de notre conscience. En surmontant la souffrance, nous pouvons atteindre un état de paix et de compréhension plus profonde, en intégrant l'aspect spirituel dans notre démarche de guérison et de croissance.

« La peinture sur un mur ne me parle pas du mur, mais du peintre, comme ta souffrance ne parle pas de toi, mais de celui ou celle qui l'a créée. »

Paching Hoé nous invite à reconsidérer notre compréhension de notre souffrance, à la fois concernant la manière dont elle s'exprime, et son origine. Tout comme une œuvre d'art reflète l'essence de son créateur plutôt que la nature de sa toile, nos expériences de douleur et de souffrance sont le reflet des actions et des intentions d'autrui, plutôt que de notre propre identité ou valeur.

L'art comme miroir du créateur

Dans l'art, chaque coup de pinceau, choix de couleur et texture transmettent une part de l'âme de l'artiste. Une peinture sur un mur nous en dit long sur celui qui l'a peinte — ses émotions, ses pensées, ses aspirations — transformant le mur en un espace d'expression personnelle. De la même manière, nos réactions, nos émotions, et notre souffrance sont influencées par les actions et les décisions d'autres personnes impactant notre vie.

La souffrance et sa source

La comparaison avec la souffrance personnelle souligne l'idée que nous ne devons pas internaliser la douleur comme étant le reflet de notre propre faute ou insuffisance.

La souffrance est le résultat des actions, des mots, ou de la négligence d'autrui, ainsi que d'une interprétation erronée des faits. Reconnaître cela ne signifie pas rejeter toute responsabilité personnelle, mais plutôt comprendre que notre douleur n'est pas un indicateur de notre valeur ou échec. La personnalité qui se constitue en réaction à des agressions et des blessures subies n'est pas révélatrice de notre nature profonde. Cette compréhension permet de retirer toute culpabilité. Ensuite, il nous appartient d'entamer un processus de changement intérieur pour parvenir à exprimer qui nous sommes réellement. C'est là que réside notre responsabilité.

Exemples pratiques

Dans la vie quotidienne, cette citation nous guide pour naviguer dans nos relations plus sainement. Par exemple, si quelqu'un nous blesse par ses mots ou actions, il est utile de se rappeler que la douleur ressentie reflète plus les luttes ou faiblesses de celui qui nous blesse que notre propre valeur. Cette perspective nous aide à comprendre, à lâcher prise, et à avancer avec une compréhension plus profonde de la nature complexe de la souffrance humaine.

Avec ce même exemple, la citation nous permet de comprendre notre réaction face à la blessure occasionnée par l'autre. Une réaction excessive ou intense est le résultat de conditionnements et de souffrances passés. Elle ne définit pas notre véritable identité. Comprendre cette distinction est essentiel : elle permet de maintenir une estime de soi intacte, et de nous concentrer sur le changement de ces comportements plutôt que de culpabiliser. Reconnaître que nos réactions sont des échos de douleurs passées nous aide à nous détacher de ces comportements, et à travailler activement pour réagir de manière plus mesurée et consciente à l'avenir.

Conclusion

Paching Hoé nous enseigne l'importance de distinguer entre la source de notre souffrance et notre propre identité. En reconnaissant que notre douleur est le reflet des agressions ou des erreurs d'autrui, nous pouvons commencer le processus de guérison avec une perspective plus claire sur nous-mêmes et sur les autres. Cette prise de conscience nous permet de cultiver la compassion et l'empathie, tant pour nous-mêmes que pour ceux qui nous entourent, ouvrant la voie à une vie plus équilibrée et épanouie.

« C'est lorsque l'enfant découvre l'impermanence de la vie et la mort qu'apparaît l'ego. »

Cette citation offre une perspective originale sur le développement de la conscience individuelle, suggérant que c'est à travers la confrontation avec le flux constant de changements, conduisant à la finitude de l'existence, que l'enfant commence à se percevoir comme une entité distincte, séparée du monde qui l'entoure.

Du Tout à l'Un : l'éveil à la conscience de soi

La pensée de Paching Hoé s'appuie sur les traditions spirituelles, notamment le bouddhisme. L'enfant vit initialement dans un état d'unité avec son environnement. Sa découverte de l'impermanence et de la mort marque le début de la conscience de soi comme entité séparée. Cette prise de conscience, bien que perturbante, est cruciale pour la formation de l'ego.

Psychologie et philosophie : la mort comme catalyseur

La reconnaissance de la mortalité, selon Carl Jung, est essentielle à la réalisation de soi et au développement personnel intégral. Friedrich Nietzsche et d'autres philosophes ont également exploré comment la mort sert de stimulus pour vivre pleinement et accomplir nos aspirations.

Développement et impermanence : perspectives contemporaines

Les recherches en psychologie du développement montrent que la compréhension de la mort évolue avec l'âge et affecte significativement la perception de soi et du monde. Bien qu'elles n'établissent pas un lien direct entre cette prise de conscience et l'émergence de l'ego, ces études indiquent comment la réalisation de l'impermanence façonne la construction de notre identité.

L'utilité de l'ego

L'ego, la conscience de soi en tant qu'entité distincte, est indispensable dans la perception et l'interaction avec le monde. Il agit comme un prisme personnel qui filtre tout. Il est le moteur de notre aspiration à l'excellence, crucial pour une estime de soi robuste, la résilience et la confiance dans nos choix. Sans ego, la quête de la réalisation personnelle et notre capacité à nous remettre en question s'atrophieraient.

L'excès d'ego

Un excès d'ego déforme la réalité, conduisant à l'arrogance, à des difficultés de reconnaissance des erreurs, et à des barrières à la croissance personnelle. Sur le plan professionnel, il compromet le travail d'équipe et le leadership.

L'ego : entre ombre et lumière

L'ego, dans sa dualité, est à la fois un obstacle et un outil nécessaire. Bien le gérer devient un art : en excès, on s'égare ; sans ego, on perd notre identité. La clé est dans la recherche d'un équilibre qui favorise l'accomplissement personnel en même temps qu'une connexion authentique avec les autres.

Conclusion

Le parcours à travers la compréhension de l'ego, depuis son éveil jusqu'à son rôle comme moteur de notre évolution personnelle, souligne l'importance de trouver un équilibre. La citation de Paching Hoé nous invite à une introspection : reconnaître et accepter l'ego tout en le mettant à sa place, afin de transformer notre connaissance de la finitude en un catalyseur pour une vie authentique, ambitieuse et enrichissante. La capacité à naviguer entre l'affirmation de soi et l'ouverture aux autres, entre la réalisation personnelle et la compassion, est essentielle pour une existence pleine et réfléchie.

« On trouve la plénitude dans la paix intérieure, cherchons à
faire la paix avec notre passé, avec les personnes qui nous ont
fait souffrir, avec nos mauvaises expériences, avec nous-
mêmes. Ne quittons pas ce monde sans avoir trouvé la paix. »

Cette citation de Paching Hoé offre une profonde réflexion sur le chemin vers la plénitude intérieure à travers la recherche de la paix dans divers aspects de notre vie.

Paching Hoé évoque d'abord la notion de «plénitude», une forme d'accomplissement et de satisfaction totale de l'être. Cette plénitude n'est pas issue de la richesse matérielle ou des succès extérieurs, mais plutôt dans la «paix intérieure». L'auteur suggère ainsi que la véritable richesse réside dans la tranquillité d'esprit et l'harmonie intérieure. Cette notion trouve ses racines dans les traditions spirituelles de l'Égypte antique et bouddhiste.

Ensuite, Paching Hoé invite à «faire la paix avec notre passé». Cette phrase résonne avec la notion de résilience et de guérison émotionnelle. Nous portons souvent des fardeaux du passé qui entravent notre capacité à être dans le moment présent. Faire la paix avec notre passé implique d'accepter ce qui a été, d'accueillir les erreurs, et de libérer les ressentiments qui nous retiennent prisonniers.

Paching Hoé souligne également l'importance de faire la paix avec ceux qui nous ont fait souffrir. Ce processus peut être particulièrement difficile, mais il est essentiel pour notre propre bien-être. En laissant aller la rancœur et en cherchant à comprendre le pourquoi de ces agressions générant notre souffrance, nous nous libérons de l'emprise toxique du ressentiment et de la colère.

De plus, l'auteur invite à faire la paix avec nos «mauvaises expériences». Cela signifie accepter les revers de la vie comme des opportunités d'apprentissage et de croissance. En reconnaissant le pouvoir transformateur des défis, nous pouvons transcender la douleur et découvrir un sens plus profond à nos expériences les plus difficiles.

Enfin, Paching Hoé nous met au défi de trouver la paix avec nous-mêmes. Cette acceptation de soi inconditionnelle est le fondement de la paix intérieure. En cultivant l'amour de soi et la compassion envers nous-mêmes, nous pouvons transcender nos imperfections et accueillir notre être authentique avec bienveillance.

En conclusion, la pensée de Paching Hoé nous invite à entreprendre un voyage intérieur vers la plénitude en faisant la paix avec notre passé, nos relations, nos expériences, et nous-mêmes. C'est un rappel puissant de l'importance de la guérison émotionnelle et de la résilience dans notre quête de bonheur et de satisfaction durables.

« Faire la paix avec son passé, c'est choisir de prendre sa part de responsabilité à propos de ce que nous vivons. »

Aborder la paix avec notre passé sous l'angle de la responsabilité personnelle ouvre un panorama riche de possibilités pour la croissance et l'éveil. La citation de Paching Hoé nous invite à explorer comment cette réconciliation intérieure transforme notre relation au monde, à autrui et à nous-mêmes.

Le voyage intérieur vers la responsabilité
L'invitation à faire la paix avec notre passé est un voyage intérieur qui commence par l'exploration de notre propre conscience. Ce périple demande de plonger dans les méandres de notre histoire personnelle, d'examiner les choix posés, les chemins empruntés, et surtout, les motifs profonds qui ont guidé nos actions. Ce processus d'introspection n'est pas seulement un acte de courage, mais aussi une quête de vérité sur soi-même.

La transformation par l'acceptation
Accepter son passé, c'est reconnaître et embrasser toutes les facettes de notre expérience, y compris celles qui nous sont difficiles à admettre. Cette acceptation n'implique pas une passivité devant les erreurs ou les douleurs subies, mais plutôt une volonté de comprendre leur origine et de transformer activement leur impact sur notre vie. C'est dans cette démarche que nous nous réapproprions véritablement notre histoire pour en faire une source de force et de sagesse.

La responsabilité comme libération
Prendre sa part de responsabilité nous libère de la posture de victime et nous rend acteurs de notre vie. Cette transformation de perspective nous équipe pour affronter les défis futurs avec une résilience accrue et une clarté renouvelée. La responsabilité, dans ce contexte, n'est pas un fardeau, mais un pouvoir : le pouvoir de choisir comment répondre aux aléas de la vie, le pouvoir de donner un sens à notre souffrance et de la transcender.

La réconciliation avec autrui et l'univers

Faire la paix avec son passé, c'est aussi réexaminer notre relation avec les autres et avec l'univers. En comprenant et en acceptant notre part dans les dynamiques passées, nous ouvrons la voie à des relations plus authentiques et harmonieuses. Cette paix intérieure se reflète ensuite dans notre manière d'interagir avec le monde, influençant positivement notre environnement et contribuant à une conscience collective plus apaisée.

Le rôle de la communauté et du partage

Le cheminement vers la paix intérieure est profondément personnel, mais il est aussi nourri par la communauté et le partage. Les traditions spirituelles et chamaniques, par exemple, mettent souvent l'accent sur le rôle de la communauté dans le processus de guérison et de transformation. Le partage de nos histoires, de nos luttes et de nos victoires devient une source d'inspiration et de soutien pour d'autres, créant ainsi un cercle vertueux de croissance et d'empathie.

Une invitation à l'évolution

La pensée de Paching Hoé nous convie à une réflexion profonde sur le sens de notre existence et sur le pouvoir de la responsabilité personnelle dans la quête de la plénitude. En faisant la paix avec notre passé, nous ne nous contentons pas de guérir nos blessures ; nous ouvrons la porte à un processus continu d'évolution, où chaque expérience, bonne ou mauvaise, devient un maillon essentiel de notre développement. Cette perspective nous encourage à vivre avec une intentionnalité accrue, conscients de l'impact de nos choix et réceptifs à la beauté de la transformation personnelle.

« Ne te lamente pas sur ton passé, mais regarde plutôt la beauté de ton avenir. »

La citation de Paching Hoé invite à embrasser la vie avec une perspective renouvelée. Elle ne nous encourage pas seulement à transcender les regrets et les désillusions passés, mais elle nous ouvre les yeux sur les possibilités infinies et les promesses que l'avenir nous réserve. Enracinée dans des traditions psychologiques, spirituelles, et philosophiques, cette pensée offre un éclairage sur la manière dont nous pouvons naviguer dans les eaux de l'existence avec enthousiasme et espoir.

Vers un avenir de possibilités

L'idée d'envisager l'avenir avec espoir ouvre un horizon de possibilités sans limite. Cette orientation optimiste vers le futur nous incite à voir notre avenir, non pas comme un destin immuable, mais comme une toile vierge prête à être ornée des couleurs de nos rêves et aspirations. Adopter une approche proactive face à la vie nous engage à construire activement notre réalité future, utilisant les enseignements tirés du passé pour forger un avenir en résonance avec nos désirs les plus authentiques.

Réconciliation avec le passé

Ne pas pleurer sur son passé suggère un chemin vers la guérison et la réconciliation profonde avec soi-même. Cela signifie accueillir et accepter nos expériences passées, qu'elles soient source de joie ou de peine, en tant qu'éléments constitutifs de notre récit actuel. Ce processus nous libère des attaches du regret et de l'amertume, ouvrant l'espace nécessaire à la nouveauté et à l'épanouissement personnel.

L'espoir comme catalyseur

L'espoir est essentiel en tant que moteur qui nous pousse en avant. La croyance en un futur prometteur illumine notre chemin à travers les périodes d'incertitude et de défis. Nourrir l'espoir au cœur de nos vies est nécessaire pour maintenir notre dynamisme vers l'atteinte de nos buts et la réalisation de notre plein potentiel.

Contribuer à un avenir collectif

Envisager l'avenir avec optimisme n'est pas seulement un bienfait personnel, mais également collectif. En cultivant une vision positive de ce qui nous attend, nous devenons des sources d'inspiration pour notre entourage. Notre aspiration à un futur meilleur nous incite à agir de manière constructive au sein de notre communauté et à œuvrer pour un monde empli de paix, d'équité et d'harmonie.

Un sourire vers l'avenir

« Ne pleure pas sur ton passé, mais regarde plutôt la beauté de ton avenir » est plus qu'une simple invitation à l'optimisme ; c'est un appel à l'action positive, à embrasser le futur avec un sourire. Cette philosophie nous incite à prendre en main notre destinée, à convertir nos aspirations en réalités concrètes, et à accueillir chaque jour comme une chance unique de tracer notre route vers un avenir florissant. En adoptant cette perspective, nous célébrons notre parcours individuel tout en participant à la création d'un avenir collectif radieux, marqué par l'amour, la solidarité et le progrès mutuels. Paching Hoé nous invite, à travers cette expression lumineuse de la vie, à sourire à l'avenir, à sourire à l'existence même.

« Il n'y a pas de plus grande illusion que de se reconnaître dans
le regard de l'autre. »

Paching Hoé propose une réflexion sur la construction de l'identité et les dangers de chercher une validation et une reconnaissance dans le regard extérieur. Cette philosophie nous invite à explorer les profondeurs de notre être, à distinguer entre l'image de nous-mêmes que les autres nous renvoient et notre essence véritable, souvent masquée par les attentes et les jugements de la société.

L'identité et l'illusion
Le regard de l'autre est trompeur, nous incitant à modeler notre comportement, nos choix et nos désirs en fonction des normes et des attentes perçues. Cette quête d'approbation extérieure est une source de vulnérabilité, car elle place notre sentiment de valeur et d'estime de soi entre les mains d'autrui. Paching Hoé met en lumière la nécessité de se détacher de cette dépendance, soulignant que la vraie compréhension de soi vient de l'intérieur.

Construire un personnage pour plaire
La création d'un personnage pour gagner l'approbation des autres est souvent motivée par une faible estime de soi et un désir profond d'être aimé et accepté. Cette stratégie, bien qu'elle puisse offrir une gratification temporaire, est fondamentalement fragile et insoutenable à long terme. Elle conduit à un cycle de dépendance où notre bien-être et notre perception de nous-mêmes oscillent au gré des opinions fluctuantes des autres.

Conséquences psychologiques
Le fossé entre notre vraie nature et le personnage que nous projetons crée une dissonance interne qui mène à l'anxiété, à la dépression, et à une sensation persistante d'inauthenticité. Les efforts constants pour maintenir une façade plaisante aux yeux des autres épuisent nos ressources émotionnelles et mentales, nous éloignant de la possibilité de cultiver une relation authentique avec nous-mêmes et avec les autres.

Le chemin vers l'authenticité

La guérison et l'épanouissement véritables exigent de briser le cycle de dépendance vis-à-vis du regard des autres, et de reconstruire notre estime de soi sur des bases plus solides et personnelles. Cela implique un voyage, souvent complexe, d'autoréflexion, d'acceptation de soi, et de réconciliation avec les aspects de notre être que nous avons négligés ou cachés. Se libérer de l'illusion de se reconnaître dans le regard de l'autre ouvre la voie à une vie plus authentique, où nos choix et notre identité sont déterminés par nos valeurs, nos aspirations, et notre intégrité personnelle.

Conclusion

Paching Hoé nous invite à considérer la quête d'approbation externe comme vaine. Cette illusion nous éloigne de notre véritable essence. En nous détournant du personnage créé pour plaire et en embrassant l'authenticité, nous découvrons une paix et une satisfaction plus profondes. Nous ouvrons également la possibilité de relations plus vraies et significatives. Cette perspective nous enseigne que la liberté véritable réside dans la capacité à vivre en accord avec soi-même, indépendamment du regard et des jugements des autres.

« Comment donner aux autres ce que tu ne sais pas donner à toi-même ? »

Cette citation incite à une introspection sur les dynamiques de l'amour-propre et de l'altruisme. Notre capacité à offrir générosité, amour, et soutien aux autres est intrinsèquement liée à notre relation avec nous-mêmes. Cette affirmation souligne l'importance de l'autocompassion et du bien-être intérieur comme préalables à une véritable générosité extérieure.

L'amour de soi, fondement de l'altruisme

Au cœur de cette réflexion se trouve la nécessité de cultiver un amour et un respect profonds pour soi-même. Cela implique un engagement envers l'exploration et la guérison intérieures, reconnaissant nos besoins, nos limites, et nos aspirations. Pour être en mesure d'aimer pleinement les autres et contribuer positivement à leur vie, nous devons d'abord nous aimer et nous accepter inconditionnellement.

Le péril de la négligence de soi

Ignorer ce principe fondamental mène à une forme d'altruisme épuisante ou inauthentique, où nos actions envers les autres sont motivées par le désir de validation externe plutôt que par une véritable intention altruiste. Cette approche, non seulement nous prive de notre énergie vitale, mais risque aussi de construire des relations basées sur la dépendance et le besoin de reconnaissance, plutôt que sur un amour et un respect mutuels authentiques.

L'authenticité et la présence authentique

La pratique de l'autocompassion et de l'amour de soi nous permet de développer une présence authentique et un espace bienveillant pour les autres. C'est en étant bien avec nous-mêmes que nous pouvons offrir un soutien réel et être véritablement présents pour ceux qui nous entourent. L'autocompassion nous enseigne la patience, la compréhension et la gentillesse, des qualités que nous pouvons ensuite étendre aux autres de manière plus naturelle et efficace.

Interdépendance du soin de soi et des autres

Paching Hoé met également en lumière l'interconnexion entre le soin de soi et le soin des autres. Dans de nombreuses traditions spirituelles, psychologiques et philosophiques, cet équilibre entre l'attention portée à soi-même et aux autres est considéré comme essentiel pour atteindre une harmonie et un épanouissement global. En nous nourrissant, nous accumulons les ressources nécessaires pour nourrir les autres, créant ainsi un cycle vertueux de bien-être et de générosité.

Vers un équilibre harmonieux

La question posée par Paching Hoé nous encourage à entreprendre un voyage intérieur vers l'acceptation et l'amour de soi, reconnaissant que ce parcours personnel est inextricablement lié à notre capacité de faire le bien autour de nous. En cultivant une relation aimante et compatissante avec nous-mêmes, nous devenons mieux équipés pour offrir ces mêmes qualités au monde. Cette prise de conscience ouvre une perspective libératrice, nous rappelant que le fondement de toute générosité véritable et durable réside dans notre propre épanouissement intérieur.

« Ne pas s'aimer soi-même, c'est ne rien connaître à l'amour. »

Pour comprendre la citation de Paching Hoé, nous devons explorer ce que signifie véritablement l'amour de soi, et en quoi il est le fondement de notre capacité à aimer les autres. Cette pensée invite à une introspection sur l'importance de l'amour de soi dans notre compréhension et notre pratique de l'amour sous toutes ses formes.

L'essence de l'amour de soi

L'amour de soi n'est pas une forme de narcissisme ou de complaisance envers soi-même. Il s'agit d'une reconnaissance profonde de sa propre valeur, de l'acceptation inconditionnelle de son être dans son intégralité, avec ses forces et ses faiblesses. C'est dans cette acceptation et cette appréciation de soi que réside le véritable amour de soi. Il est le socle sur lequel repose toute capacité à aimer authentiquement, car il enseigne les principes fondamentaux de l'empathie, de la compassion et de la générosité, sans attendre de retour.

Amour de soi et capacité d'aimer autrui

Paching Hoé explique qu'un manque d'amour pour soi-même limite notre capacité à comprendre et à exprimer l'amour envers les autres. Si nous ne pouvons nous offrir de la gentillesse, de la patience, et de la compréhension envers nous-mêmes, comment pourrions-nous authentiquement les offrir à quelqu'un d'autre ? L'amour de soi nous enseigne à reconnaître et à répondre à nos propres besoins et désirs, ce qui, à son tour, nous permet de mieux reconnaître et respecter les besoins et désirs des autres.

La répercussion de l'amour de soi sur les relations

Les relations fondées sur une base solide d'amour de soi sont caractérisées par une plus grande authenticité, ouverture et respect mutuel. Lorsque les individus s'aiment et se respectent eux-mêmes, ils sont moins enclins à tolérer les traitements abusifs ou négligents et sont plus aptes à établir des limites saines. L'amour de soi favorise ainsi des relations plus équilibrées et enrichissantes, où les partenaires peuvent grandir ensemble sans perdre leur intégrité individuelle.

Le chemin vers l'amour de soi

Le chemin vers l'amour de soi peut être difficile, surtout dans un monde qui impose souvent des normes et des attentes irréalistes. Cependant, ce voyage intérieur est essentiel pour une vie pleine et épanouissante. Il peut impliquer l'autoréflexion, la méditation, la thérapie et la pratique quotidienne de l'autocompassion. L'objectif est d'atteindre un état où l'amour de soi n'est pas conditionné par des succès externes ou la validation d'autrui, mais est une présence constante qui guide nos pensées et actions.

Conclusion

La citation de Paching Hoé, « Ne pas s'aimer soi-même, c'est ne rien connaître à l'amour, » est un rappel puissant de l'importance de l'amour de soi dans notre vie et dans nos relations. Elle nous incite à reconnaître que l'amour véritable commence par soi-même. Cultiver un amour de soi solide est le premier pas vers une capacité d'aimer les autres de manière authentique et inconditionnelle, enrichissant ainsi nos vies et celles autour de nous avec une profondeur et une qualité d'amour véritable.

« Je reconnais volontiers que je n'ai pas toujours fait ce que je voulais, mais le plus souvent ce que je pouvais. »

Paching Hoé nous engage à une réflexion sur les conséquences de nos choix et de nos actions. Cette citation, empreinte d'humilité, soulève des points importants sur l'acceptation de nos limites, la valeur de l'effort, la réconciliation avec soi, ainsi que la nécessité de la flexibilité et de l'adaptabilité face aux aléas de la vie.

Acceptation des limites

La reconnaissance de nos limites est une démarche essentielle, qui permet de situer nos aspirations dans le cadre des réelles possibilités offertes par notre environnement et nos capacités personnelles. Cette acceptation n'est pas une résignation, mais un acte de maturité qui nous engage à agir avec sagesse et discernement, en tenant compte des contraintes existantes.

Dans la tradition de l'Égypte antique, la maxime de Ptahotep, « Il n'y a pas d'expert qui soit absolument compétent », nous encourage, tout comme Paching Hoé, à accepter nos limites personnelles et nos capacités réelles. Si même les individus les plus savants et compétents sont amenés à reconnaître leurs lacunes et à poursuivre leur apprentissage, il en sera de même pour nous. Cette perspective est déculpabilisante : ce principe s'applique à chacun. L'enjeu consiste à persévérer dans les efforts pour progresser.

La valeur de l'effort

L'importance de l'effort réside dans la reconnaissance que, même si nos actions ne débouchent pas toujours sur les résultats escomptés, la démarche elle-même est significative. C'est dans la tentative et l'engagement que se trouve notre véritable réussite, définissant ainsi le succès, non pas par l'atteinte de l'objectif, mais par la qualité et la sincérité de l'effort fourni.

Réconciliation avec nous-mêmes

La réconciliation avec nous-mêmes est un appel à la bienveillance personnelle, à reconnaître et à célébrer nos accomplissements sans sévérité excessive pour les aspirations non réalisées. Cette approche favorise une image de soi plus équilibrée et indulgente, où les succès et les échecs sont perçus comme des composantes intégrales de notre parcours de vie.

Flexibilité et adaptabilité

Paching Hoé nous rappelle l'importance de l'adaptabilité et de la flexibilité, qualités indispensables pour naviguer dans un monde en perpétuel changement. Apprendre à ajuster nos attentes et nos actions en fonction des circonstances est un aspect clé de la résilience et du développement personnel.

Conclusion

Paching Hoé nous invite à une introspection sur la manière dont nous abordons nos désirs et nos actions. Il met en lumière la nécessité d'une vision de notre vie ancrée dans l'acceptation de nos limites, la valorisation de nos efforts, la réconciliation avec notre être intérieur, et une capacité à s'adapter aux défis de l'existence. Cette philosophie nous guide vers une vie plus authentique et épanouie, où la paix avec soi-même devient le socle sur lequel se construisent des actions réfléchies et significatives.

« La seule personne qu'il est bon de pardonner, c'est soi-même. »

Paching Hoé met en exergue l'importance de se pardonner soi-même dans le chemin vers l'épanouissement personnel et la paix intérieure. Ce précepte se révèle comme une invitation à la réflexion, à la guérison, et à la découverte de soi, nous poussant à embrasser pleinement notre humanité avec toutes ses imperfections.

Se pardonner : clé de la libération émotionnelle
Se pardonner transcende la notion de clémence. Il s'agit d'une démarche de reconnaissance et d'acceptation de nos échecs, nos erreurs, et nos limites. Par cet acte libérateur, nous nous permettons de dépasser le fardeau du passé, d'appréhender nos expériences comme des opportunités de croissance, et de nous ouvrir à un futur empreint d'authenticité et de sérénité.

Guérison de la culpabilité et reconstruction de l'estime de soi
Le sentiment de culpabilité, souvent ancré dans nos erreurs passées, empoisonne notre existence, nous empêchant de reconnaître notre véritable valeur. Le pardon de soi nous libère de ce poids, nous ouvrant à une reconstruction positive de notre estime de soi. Il nous apprend à voir nos fautes non comme des marques indélébiles de défaillance, mais comme des occasions de croissance et d'apprentissage, renforçant ainsi notre amour et notre respect de soi.

Permission d'échouer sans jugement négatif
En adoptant le pardon de soi, nous nous donnons la permission d'échouer sans nous infliger de jugement négatif. Cette ouverture à « l'échec », perçu comme un aspect naturel du processus d'apprentissage et de découverte, favorise une approche bienveillante envers soi-même et encourage la résilience et la persévérance face aux défis de la vie.

Premier pas vers l'amour de soi et lien avec l'amour inconditionnel
Le pardon de soi est le premier pas indispensable vers l'amour de soi, nous invitant à nous accepter et à nous chérir dans notre intégralité. Cette démarche intime d'autocompassion reflète et nous connecte à l'amour inconditionnel, une force universelle et bienveillante qui transcende les limites humaines et nous lie à une compréhension plus profonde du Divin et de l'essence spirituelle de l'amour.

Une ode à la libération et à la croissance personnelle
La citation de Paching Hoé est une lumière guidant vers la libération des chaînes de nos fautes passées et l'embrassement plein et entier de notre potentiel. Le pardon de soi est une exploration intérieure vers l'acceptation, le renouvellement, et l'amour de soi, établissant les bases d'une vie empreinte de paix, d'évolution personnelle et de bonheur véritable. Cet acte d'amour profond envers soi-même résonne avec une guérison et une harmonie durable, nous rappelant que, loin d'être un geste égoïste, le pardon de soi est le fondement sur lequel bâtir une existence riche, en paix avec soi-même, et ouverte aux possibilités de l'avenir. Elle est exempte de jugements, rendant cette pratique pure et transformatrice.

« Guérir, c'est comprendre, accepter, reconstruire… »

Paching Hoé nous invite à un parcours de réappropriation de notre histoire personnelle par la compréhension, l'acceptation et la reconstruction de soi. Ce chemin de guérison nous plonge dans une exploration intérieure, visant à aligner notre existence aux principes universels. Comprendre ces principes fondamentaux et accueillir notre essence véritable sont cruciaux pour rebâtir notre vie sur des fondements véridiques. Cette méthode, ancrée dans la réconciliation avec notre nature profonde et la dimension divine, nous mène vers une existence marquée par la paix intérieure, la tranquillité d'esprit et une harmonie profonde avec l'univers.

Comprendre les principes universels

Le premier pas vers la guérison, selon Paching Hoé, est la compréhension. Il ne s'agit pas seulement d'acquérir des connaissances superficielles, mais de pénétrer les profondeurs des principes divins qui régissent notre monde. Cette compréhension nous permet de démêler les fils de notre propre souffrance, d'identifier comment nos perceptions erronées de la réalité et de la volonté divine ont façonné nos croyances, et donc notre expérience de la douleur et du conflit.

Conflit avec le Créateur

Paching Hoé souligne que notre ignorance ou notre mauvaise interprétation des principes universels nous place dans un état de conflit, non seulement avec nous-mêmes, mais aussi avec notre Créateur. En attribuant à Dieu des intentions ou des responsabilités qui ne correspondent pas à Sa véritable nature, nous nous enfermons dans une lutte intérieure, un combat où nous cherchons des coupables plutôt que des réponses. Cette situation est analogue aux conflits que nous pouvons éprouver avec nos parents terrestres, où les malentendus et les attentes non comblées génèrent des tensions et des distances. En aparté, il est intéressant de noter la similitude soulignée par Paching Hoé entre conflit avec le Père Céleste et conflit avec « le père ».

Acceptation des principes de l'univers

L'acceptation est le deuxième pilier de la guérison. Une fois que nous commençons à comprendre les principes universels, nous apprenons à les accepter comme la fondation de notre existence et de notre croissance. Cette acceptation ne signifie pas la résignation, mais une ouverture à la sagesse profonde que ces principes représentent. En acceptant, nous nous réconcilions avec la nature même de notre être et avec notre Créateur, reconnaissant que les épreuves et les souffrances sont des opportunités d'évolution et de fortification de notre conscience. Cette redécouverte nous redonne une vision de nous-mêmes conforme à celle que pose sur nous notre Créateur. Nous retrouvons une joie profonde, celle de pouvoir grandir sereinement sous le regard bienveillant et aimant de Dieu.

Réconciliation avec le Créateur

La compréhension et l'acceptation mènent naturellement à une réconciliation avec le Créateur. Paching Hoé nous enseigne que se rapprocher des principes divins, et par extension de Dieu, avec une compréhension claire et dénuée de conflit, est crucial pour notre paix intérieure. Cette réconciliation est une guérison, non seulement de nos relations avec le divin, mais aussi de notre relation avec nous-mêmes, car elle nous permet de voir notre place dans l'univers, non comme des victimes de circonstances arbitraires, mais comme des participants actifs dans un plan plus grand.

Reconstruire sur des bases nouvelles

Forts de cette compréhension, de cette acceptation et de cette réconciliation, nous sommes en position pour reconstruire notre vie. Cette reconstruction n'est pas un simple retour à notre état antérieur, mais une transformation profonde qui intègre notre nouvelle compréhension des principes divins, notre paix retrouvée avec le Créateur, et notre acceptation de nous-mêmes comme des êtres en constante évolution. Cette nouvelle existence est fondée sur des principes d'amour, de compréhension et d'harmonie qui nous protègent des anciennes souffrances et nous ouvrent à un avenir empli de possibilités.

La guérison, acte d'amour envers soi-même

Paching Hoé nous offre une vision spirituellement riche de la guérison. En nous guidant à travers la compréhension des principes universels, l'acceptation de notre véritable nature, la réconciliation avec notre Créateur et la reconstruction de notre vie sur des fondations renouvelées, il nous montre que guérir est un acte d'amour profond envers soi-même. Cette démarche, loin d'être un parcours solitaire, est un voyage de retour à l'harmonie avec le monde et avec le Divin, un chemin qui nous libère des chaînes de l'ignorance et nous ouvre les bras de la paix intérieure et de l'amour inconditionnel.

« Ne qualifie une situation que lorsque tu connais la fin de l'histoire. »

Paching Hoé invite à la prudence avant de juger la qualité d'une situation uniquement sur sa manifestation immédiate. Il souligne la nature cyclique et imprévisible de la vie. Cet enseignement nous pousse à reconnaître que les conséquences véritables des événements de notre vie se révèlent souvent bien après que ceux-ci se soient produits, transformant notre compréhension initiale et nos réactions face à eux.

En insistant sur le fait que nous devrions retenir notre jugement jusqu'à ce que nous connaissions la fin de l'histoire, Paching Hoé nous amène à considérer la vie comme un tissu complexe d'événements interconnectés dont les véritables significations et impacts ne sont révélés qu'avec le temps. Cette perspective nous encourage à adopter une attitude de patience et d'observation, en particulier face aux situations difficiles qui, à première vue, semblent purement négatives.

Cet enseignement trouve un écho dans les concepts de karma et de transformation personnelle. Le karma, dans son essence, repose sur l'idée que chaque action a des conséquences, lesquelles peuvent ne pas être immédiatement apparentes. Paching Hoé nous rappelle ainsi que ce que nous percevons aujourd'hui comme un désastre, pourrait être l'architecte de notre bonheur futur, et inversement, ce que nous célébrons comme une victoire pourrait semer les graines de difficultés à venir.

Cette dualité des conséquences nous invite à embrasser une vision plus holistique de notre existence, où la qualité d'une situation est évaluée, non pas dans l'immédiateté de ses effets, mais dans la richesse de ses résultats à long terme. Une telle approche nous aide à relativiser nos expériences, à apprécier la complexité des chemins de vie, et à cultiver une résilience face à l'incertitude.

L'application de cette citation à notre vie quotidienne nous demande de cultiver une conscience aiguë des nuances de nos expériences, reconnaissant que derrière chaque épreuve, se cache un apprentissage, et derrière chaque triomphe, un défi à venir. Cela nous incite à vivre avec une attention pleine et éclairée, à valoriser la réflexion et la patience, et à développer une capacité à voir au-delà des apparences.

Paching Hoé nous offre une clé pour naviguer dans la complexité du monde avec sagesse et équilibre. Il nous enseigne que la qualité d'une situation ne se révèle pleinement que dans ses conséquences, lesquelles peuvent n'être appréciées que bien après leur occurrence. Cette compréhension nous pousse à reconsidérer notre rapport au temps, à l'adversité et au succès, nous guidant vers une vie plus réfléchie, résiliente et finalement plus enrichissante.

L'enseignement de Paching Hoé embrasse toutes les facettes de l'expérience humaine, nous invitant à considérer chaque événement de notre vie, agréable ou désagréable, comme une étape vers une compréhension plus profonde de nous-mêmes et du monde qui nous entoure.

« La guérison te permettra de transcender tes souffrances, afin
de réaliser la plus belle image de toi-même. »

Un enseignement transformateur émerge de cette citation, illuminant le chemin vers la guérison comme une quête de la plus authentique expression de soi. Cette réflexion s'inscrit dans un dialogue avec des sagesses ancestrales, trouvant des résonances dans la richesse de la psychanalyse, la spiritualité et des philosophies millénaires, notamment égyptienne.

Paching Hoé nous propose de voir la guérison, non comme une simple restauration, mais comme une transcendance de nos souffrances. Cette perspective transforme notre rapport à la douleur : elle n'est plus une ennemie à éviter, mais un guide vers une connaissance plus profonde de notre être. Les épreuves de la vie deviennent des catalyseurs de croissance, des occasions uniques de forger la « plus belle image de soi-même ». Cette idée fait écho aux principes de la psychanalyse jungienne, où la confrontation avec nos zones d'ombre libère des potentiels insoupçonnés de notre psyché, révélant notre essence profonde.

La sagesse égyptienne antique s'inscrit en parallèle à cette vision, percevant la vie terrestre comme une préparation à une existence plus élevée. Les souffrances et les obstacles y sont envisagés comme des épreuves initiatiques, purifiant et affinant notre âme pour son voyage vers l'immortalité. Cette perspective souligne l'importance de présenter aux divinités une version épurée de soi-même, obtenue à travers une vie de quête et de transformation.

La citation de Paching Hoé résonne avec le principe selon lequel notre passage sur terre est intrinsèquement lié à une mission plus vaste, celle de contribuer au bien commun. La guérison personnelle devient le véhicule d'un engagement plus large envers les autres, transformant les épreuves personnelles en opportunités de service et d'harmonisation collective. Cette idée trouve son incarnation dans des figures telles qu'Imhotep, un sage de l'Égypte antique, alliant savoir et compassion pour transcender la souffrance individuelle au profit du collectif.

Ce voyage de guérison, tel que le suggère Paching Hoé, est une odyssée vers la réalisation de soi, marquée non seulement par des défis, mais aussi par des révélations sur notre véritable nature. C'est un appel à plonger dans nos ténèbres pour y découvrir la lumière, à embrasser nos douleurs, non pas comme des fardeaux, mais comme des enseignants, des occasions de métamorphose. Cette transformation intérieure, cette alchimie de l'âme — pour reprendre Jung —, est la clé pour dévoiler la plus belle version de nous-mêmes, un être à la fois unique et universellement connecté, en quête constante de sens, d'équilibre et d'harmonie.

La citation de Paching Hoé, en synergie avec les enseignements ancestraux et les réflexions contemporaines, nous offre une vision lumineuse de la guérison. Elle nous rappelle que chaque moment de souffrance est une invitation à grandir, à se transformer et à révéler la splendeur innée de notre être, pour finalement forger la plus belle image de nous-mêmes, en harmonie avec l'univers.

« Celui qui cherche les solutions à l'extérieur de soi rêve. Celui qui regarde à l'intérieur de soi se réveille. »

Paching Hoé distingue deux manières opposées de vivre la souffrance. D'une part, celle qui consiste à attribuer la souffrance à des facteurs extérieurs, c'est la posture de la victime. D'autre part, celle du guerrier, qui oriente sa quête de réponses vers son for intérieur et engage une action personnelle conduisant à la guérison. L'adoption de l'une ou l'autre de ces postures dépend du degré d'estime de soi. Pour Paching Hoé, l'enjeu dans le processus de guérison est de passer de la posture de la victime, qui subit sa situation, à celle du guerrier, qui entame une démarche concrète de changements dans sa vie. Ce processus nécessite la reconstruction d'une estime et d'une confiance en soi suffisantes pour se sentir capable d'agir.

La victime, telle que dépeinte par Paching Hoé, tend à externaliser la cause de sa souffrance, et attribue sa douleur à des circonstances ou des actions extérieures. Elle vit sa situation comme une fatalité inévitable, se percevant dépourvue de toute influence sur le changement. Cette attitude crée un sentiment d'impuissance, renforçant l'idée que le changement doit provenir de l'extérieur. Il est important d'intégrer que cette orientation vers des solutions extérieures est une conséquence directe d'une diminution de l'estime et de la confiance en soi. Cette mauvaise image de soi complexifie l'identification de soi en tant qu'agent du changement. Elle a pour résultat de nous affaiblir, augmentant d'autant la difficulté à sortir de la souffrance.

À l'opposé, le guerrier embrasse l'idée qu'il possède la capacité de transformer sa perception et sa réaction face aux causes de sa souffrance. Ce chemin demande une introspection significative pour repérer et ajuster les croyances et comportements limitants. De plus, le guerrier reconnaît sa part de responsabilité dans la prévention ou l'arrêt d'agressions extérieures. Il dispose d'une estime de soi suffisamment préservée pour engager une action personnelle conduisant à la guérison.

En adoptant la posture du guerrier, nous engageons une double approche : nous transformons notre réaction interne à la souffrance, tout en initiant des actions concrètes pour réduire et prévenir la douleur. Ce faisant, nous ne prenons pas sur nous le fardeau du monde, mais nous reconnaissons que chacun a un rôle à jouer dans l'édification de relations plus justes et bienveillantes.

Paching Hoé nous incite ainsi à réaliser notre potentiel de guérison et de transformation, tant sur un plan personnel que collectif. En nous érigeant en guerriers, nous nous lançons dans un parcours de développement personnel face à nos défis et agissons de manière proactive pour protéger et améliorer notre monde. Cette démarche incarne l'essence de la résilience et de l'autonomie que Paching Hoé souhaite nous voir atteindre.

Dans un état de souffrance psychologique, s'engager dans un dialogue intérieur constructif est nécessaire pour dénouer ses émotions et amorcer un parcours de guérison. Je propose ici une liste de questions, qui intègre la notion de responsabilité individuelle tant dans notre réaction à l'agression que dans notre engagement actif à prévenir ou arrêter de telles situations, pour aider à sortir de cet état et à reconstruire :

1. Quelles émotions ressens-je précisément ?
— Identifier clairement nos émotions pour une meilleure compréhension et gestion.

2. Qu'est-ce qui contribue à ma souffrance ?
— Détecter les sources pour envisager des solutions adaptées.

3. Quels éléments de cette situation sont sous mon contrôle ?
— Reconnaître notre pouvoir d'action renforce notre sentiment d'agence.

4. Quelles croyances ou pensées influencent ma souffrance ?
— Questionner nos perceptions allège la douleur ressentie.

5. Ai-je un sentiment de culpabilité ? Si oui, d'où vient-il ?
— Comprendre et dépasser la culpabilité est essentiel pour avancer.

6. Comment me perçois-je : fort(e), faible, autre ?
— Revisiter notre image de soi ouvre des pistes pour renforcer notre estime personnelle.

7. La colère est-elle présente ? Est-elle dirigée contre moi ou quelqu'un d'autre ?
— Analyser la colère aide à en comprendre l'origine et à y répondre de façon constructive.

8. Est-ce que je me sens trahi(e) ?
— Identifier les sentiments de trahison facilite le traitement des ruptures relationnelles.

9. Est-ce que je me sens soutenu(e) et aimé(e) ?
— Évaluer le soutien reçu éclaire sur nos besoins en termes de relations.

10. Est-ce que je ressens une injustice ?
— Faire face aux sentiments d'injustice mène à chercher des moyens de rétablir l'équilibre.

11. Quelles actions simples puis-je réaliser pour aller mieux ?
— Identifier des actions de bien-être pratiques.

12. Vers qui puis-je me tourner pour obtenir de l'aide ?
— Reconnaître notre réseau de soutien, qu'il soit personnel ou professionnel.

13. Envers quoi suis-je reconnaissant(e) ?
— Cultiver la gratitude pour enrichir notre perspective sur la vie.

14. Quelles mesures de soin personnel puis-je adopter ?
— Porter une attention particulière aux soins personnels et au bien-être physique.

15. Quel changement puis-je apporter pour ne pas revivre cette souffrance ?
— Réfléchir aux modifications de vie pour prévenir de futures souffrances.

En ajoutant à ces réflexions la conscience de notre rôle dans la prévention et la cessation de l'agression, nous adoptons une approche plus holistique de la guérison. Cela implique non seulement de s'attaquer aux racines de notre souffrance, mais aussi de prendre une part active dans la création d'un environnement plus sûr pour soi et pour les autres. N'oublions pas que le chemin vers la guérison est souvent complexe et peut bénéficier de l'accompagnement d'un professionnel du bien-être psychologique.

« Ose remettre en question tes propres convictions, au lieu de supposer que ton ami se trompe. »

Paching Hoé souligne l'importance de remettre en question nos propres convictions, plutôt que de supposer l'erreur chez l'autre. Il nous invite à une ouverture d'esprit qui transcende le simple cadre des interactions personnelles, pour toucher à la quintessence de la croissance humaine et de la compréhension mutuelle. Cette approche, loin d'être une simple invitation à la prudence dans le jugement, est un appel à une révolution intérieure, où le dialogue avec soi-même et avec les autres devient le moteur d'un enrichissement continu.

Au sein de cette réflexion réside la notion que la vérité et la connaissance ne sont pas des entités statiques, mais des quêtes dynamiques, façonnées par l'échange et la remise en question. Paching Hoé, en nous incitant à douter de nos propres certitudes, nous ouvre à la possibilité d'un dialogue authentique, non seulement avec les autres, mais aussi avec les différentes parties de notre être. Ce processus intérieur de questionnement et de dialogue est un écho aux enseignements de la psychanalyse jungienne, où l'exploration de l'inconscient et la confrontation avec nos ombres sont nécessaires pour notre développement psychologique.

Dans les traditions chamaniques, le voyage intérieur nous enseigne que chaque être rencontré est un miroir de notre propre réalité, nous offrant des leçons et des perspectives qui ne peuvent être révélées que par un cœur ouvert et un esprit disposé à l'apprentissage. Ainsi, le conseil de Paching Hoé de remettre en question nos propres convictions s'aligne sur cette voie de la connaissance par l'expérience directe et le dialogue spirituel.

La philosophie, depuis les temps anciens, valorise la dialectique comme méthode de découverte de la vérité. Socrate, par sa maïeutique, nous montre que c'est dans la capacité de poser les bonnes questions, à soi-même et aux autres, que réside la clé de la compréhension. La pensée de Paching Hoé s'inscrit dans cette tradition, soulignant que c'est en questionnant nos certitudes que nous pouvons avancer vers une vérité plus profonde et plus inclusive.

Cette invitation au questionnement de soi et au dialogue ouvert se trouve également au cœur des principes de la psychologie moderne, qui nous enseigne que nos perceptions sont souvent biaisées par nos expériences personnelles, nos peurs et nos désirs. La remise en question de nos convictions est donc essentielle pour développer une empathie véritable, une compréhension plus nuancée des autres, et, in fine, pour construire des relations plus authentiques et harmonieuses.

En définitive, la citation de Paching Hoé est une exhortation à embrasser l'humilité, à reconnaître la limite de nos propres perspectives et à accueillir la richesse que représente la diversité des points de vue. C'est dans cette tension créative entre le doute et la certitude, entre l'écoute et l'expression, que nous pouvons véritablement grandir et enrichir notre compréhension du monde. Par cette approche, nous ne faisons pas seulement évoluer nos relations avec les autres, mais nous participons à une transformation plus vaste, celle d'une société où le dialogue, l'ouverture et la quête commune de vérité et d'harmonie prévalent sur la division et le conflit.

« Ton avenir réside dans le fait de décider de vivre ce que tu souhaites, plutôt que de vivre ce que tu ne souhaites pas. »

Paching Hoé invite à réfléchir sur le pouvoir de nos choix et la direction que nous donnons à notre vie. La citation, riche en implications psychologiques, spirituelles et philosophiques, nous incite à repenser notre capacité à façonner notre destinée par les décisions que nous prenons chaque jour.

Au cœur de cette réflexion se trouve la notion de responsabilité personnelle et de liberté intérieure. La liberté dont il est question ici n'est pas l'absence d'obstacles externes, mais plutôt la capacité à choisir notre attitude face à ces obstacles. Le psychiatre et philosophe Viktor Frankl, dans son exploration de la résilience humaine, a mis en lumière cette forme de liberté comme étant la plus authentique, affirmant que dans toute circonstance, nous avons le pouvoir de choisir notre réaction.

Cette citation trouve également un écho dans la psychanalyse, où le désir véritable de l'individu est souvent masqué par les couches des attentes sociales et les injonctions du surmoi. La démarche pour vivre en accord avec ses véritables souhaits nécessite alors un travail de connaissance de soi, un voyage intérieur à la découverte de ce qui nous anime réellement.

Dans une perspective spirituelle, cette affirmation rappelle la loi de l'attraction, selon laquelle notre réalité est le reflet de nos pensées et de nos croyances les plus profondes. Se concentrer sur ce que nous aimons, plutôt que sur ce que nous craignons, attire dans notre existence les conditions et les expériences qui résonnent avec ces aspirations.

Les traditions chamaniques, avec leur compréhension intime des liens entre l'individu et le cosmos, soulignent l'importance de l'intention et de la vision claire dans la réalisation de soi. La vision du chaman guide non seulement son propre chemin, mais sert aussi de phare pour la communauté, illustrant la manière dont une vie orientée par des choix conscients a un impact bien au-delà de l'individuel.

En littérature, particulièrement dans les romans initiatiques, ce principe se traduit par le voyage du héros qui, en quête de sens, apprend à naviguer dans les défis de l'existence, guidé par ses choix profonds et non par les circonstances extérieures. Ces récits mettent en lumière la transformation intérieure qui accompagne la décision de vivre selon ses propres termes.

Pour illustrer de manière concrète cette idée, envisageons l'histoire d'un individu qui choisit de quitter un emploi stable, mais insatisfaisant, pour poursuivre une passion pour l'écriture. Ce choix, risqué aux yeux de beaucoup, est l'incarnation de la décision de vivre selon ses souhaits. Les obstacles rencontrés sur ce chemin ne sont pas vus comme des barrières, mais comme des étapes d'un processus de croissance personnelle et de réalisation de soi.

En somme, la citation de Paching Hoé nous encourage à réévaluer nos priorités et à redéfinir notre chemin de vie, non pas pour éviter nos peurs, mais pour suivre nos véritables aspirations. Elle nous rappelle que notre avenir n'est pas une série d'événements prédestinés, mais une toile que nous tissons avec les fils de nos décisions, de nos passions et de nos rêves. Embrasser cette perspective, c'est ouvrir la porte à une existence plus riche, plus authentique et plus satisfaisante.

« Le temps passé à pleurer sur soi-même, c'est le temps perdu à ne pas changer. »

Paching Hoé aborde ici un point clé de notre voyage à travers la complexité de l'expérience humaine. Cette citation, simple en apparence, révèle une profonde vérité sur le lien entre la transformation personnelle et notre rapport au temps, à la souffrance, et à la possibilité de croissance.

Au cœur de notre exploration réside une dualité : d'une part, l'acceptation de la souffrance comme partie intégrante de l'existence humaine, et d'autre part, l'impératif de transcender cette douleur pour engager un changement significatif. Paching Hoé, avec empathie et pragmatisme, nous montre que l'apitoiement sur soi nous paralyse, et constitue une barrière à notre évolution personnelle et spirituelle. La souffrance elle-même est inévitable, mais c'est la manière dont nous répondons à cette souffrance qui forge notre chemin vers la croissance.

En psychanalyse, cette citation résonne avec l'idée que le marasme émotionnel, bien qu'une réaction humaine naturelle, devient un obstacle au développement si nous ne parvenons pas à en sortir. Le processus de guérison implique de reconnaître et d'accepter nos émotions, tout en se mobilisant pour aller de l'avant. Cette attitude reflète la résilience psychologique nécessaire pour transformer la douleur en une force motrice pour le changement.

Dans les traditions spirituelles et chamaniques, chaque épreuve est considérée comme une occasion de purification et d'apprentissage. La stagnation dans la douleur est une dispersion de l'énergie vitale qui, autrement, serait canalisée vers l'amélioration personnelle et le service à la communauté. Ces moments de douleur deviennent des rites de passage vers une compréhension plus profonde de notre place dans l'univers.

Du point de vue philosophique, la citation de Paching Hoé nous interpelle sur l'usage de notre temps — cette ressource finie. La manière dont nous choisissons d'employer notre temps est le reflet de nos valeurs et de nos aspirations. Voir la période d'apitoiement sur soi comme une perte de temps est un rappel de la préciosité de chaque moment et de l'urgence d'agir de manière constructive.

La maxime du sage égyptien Ptahotep, «C'est un personnage blâmable qui use mal de ses moments», résonne avec cette notion. Ptahotep met en lumière l'importance de gérer judicieusement notre temps. Il associe l'utilisation inefficace du temps à la fois à une perte personnelle et à une faute éthique. Cette sagesse encourage à vivre consciemment et à employer chaque instant de manière productive, car le comportement individuel a des implications personnelles et sociales. Dans notre ère moderne, cela rappelle la valeur de chaque moment et l'impact de nos choix sur nous-mêmes et notre communauté.

Dans le domaine de la littérature initiatique, les récits de transformation après des périodes d'adversité soulignent que les épreuves sont des étapes cruciales sur le chemin de la réalisation de soi. Les héros découvrent que c'est la manière dont ils agissent face à leurs défis qui dévoile leur véritable potentiel. Leurs actions au sein des épreuves leur permettent de trouver le chemin de la sagesse et de la paix.

Des figures comme Frida Kahlo ou Nelson Mandela illustrent comment les épreuves personnelles deviennent des catalyseurs pour un changement plus large à l'échelle de la communauté. Leurs parcours nous invitent à considérer notre propre potentiel pour impacter le monde positivement.

En conclusion, la citation de Paching Hoé n'est pas seulement un rappel de l'importance de surmonter la souffrance, mais aussi une invitation à reconnaître et à saisir les opportunités de changement qu'elle présente. C'est un appel à l'action, à la réflexion, et à la transformation, nous encourageant à ne pas laisser le temps précieux de notre vie se perdre dans l'immobilisme, mais à l'utiliser comme un levier pour une croissance et un épanouissement continus. Cette exploration nous offre un regard, non pas naïf, mais optimiste, profondément enraciné dans la réalité de l'expérience humaine. Même dans nos moments les plus sombres, nous avons la capacité et la responsabilité de chercher la lumière.

« Cesse de penser à ce que tu ne souhaites pas, à ce qui te fait peur, à ce que tu redoutes. Pense à ce que tu souhaites vivre, à ce que tu souhaites atteindre, à ce que tu souhaites créer. »

Paching Hoé souligne la puissance transformatrice de nos pensées et intentions. À travers une exploration de l'esprit humain et de sa capacité à modeler notre expérience du monde, il nous guide vers une prise de conscience essentielle : la création d'une réalité conforme à ce que nous souhaitons vivre nécessite de se focaliser sur nos aspirations plutôt que sur nos craintes.

Paching Hoé s'inscrit dans une tradition qui valorise l'harmonie entre les pensées, les paroles, et les actions, un principe qui résonne à travers les époques et les cultures, de l'Égypte ancienne jusqu'à la psychologie moderne. Cette harmonie, selon lui, n'est pas seulement le fondement d'une vie équilibrée, mais aussi le moteur d'une transformation personnelle et collective.

La pensée de Gandhi, alignée avec celle de Paching Hoé, souligne l'importance de la cohérence entre nos croyances, nos pensées et nos actions : « Vos croyances deviennent vos pensées, vos pensées deviennent vos paroles, vos paroles deviennent vos actions, vos actions deviennent vos habitudes, vos habitudes deviennent vos valeurs, vos valeurs deviennent votre destinée ». Cette citation illustre la chaîne de connexion qui commence par nos croyances internes et se manifeste finalement dans notre réalité externe. Elle met en lumière l'importance de l'intégrité et de la cohérence dans la réalisation de soi et le façonnement de notre monde.

Dans cette perspective, penser positivement transcende l'évitement des pensées négatives ; c'est une pratique active de création. En mettant en lumière l'importance de nourrir des pensées qui reflètent nos désirs les plus authentiques, Paching Hoé soulève l'importance de l'équilibre intérieur et de notre harmonie avec l'univers.

Cette vision rejoint, en psychologie contemporaine, la notion de biais cognitif, notamment le biais de négativité. Les biais cognitifs sont des mécanismes psychologiques qui dévient notre jugement de la rationalité. Le biais de négativité, en particulier, est la tendance à donner plus de poids aux expériences négatives qu'aux positives, ce qui conduit à une vision pessimiste de la vie et affecte notre bien-être et nos décisions. En reconnaissant et en comprenant ces biais, nous pouvons travailler à les minimiser, en développant une pensée plus équilibrée et en améliorant notre capacité à évaluer les situations de manière plus objective. Paching Hoé nous invite à rééquilibrer notre perception en faveur d'une vision plus constructive et optimiste de notre réalité.

En modifiant consciemment notre focalisation, de ce qui nous fait peur à ce que nous souhaitons, nous activons un processus de neuroplasticité. Notre cerveau se réorganise pour mieux aligner ses structures et fonctions avec ces nouvelles priorités. Cette transformation dépasse le cadre d'un ajustement de notre état d'esprit. Elle s'inscrit dans une loi d'attraction universelle, où la clarté et la pureté de nos intentions attirent activement les circonstances qui permettent la concrétisation de nos désirs. En cultivant des intentions précises et sincères, nous facilitons la matérialisation de nos aspirations, créant une synergie entre notre volonté et le monde qui nous entoure.

La pensée de Paching Hoé, enracinée dans une foi en l'univers et en notre capacité de co-création, nous enseigne que l'alignement de nos désirs les plus profonds avec nos pensées et actions est la clé de la réalisation de nos rêves. C'est une invitation à vivre une vie qui résonne avec nos plus hautes aspirations, en reconnaissant le pouvoir inné que nous avons de transformer notre réalité interne et, par extension, notre réalité externe.

Cette perspective optimiste, loin d'être une échappatoire, est un acte de foi dans le potentiel humain à surmonter les obstacles et à réaliser pleinement ses aspirations. Paching Hoé nous encourage ainsi à prendre conscience de notre pouvoir intérieur et à l'utiliser de manière constructive pour façonner activement la réalité que nous désirons. C'est une ode à l'optimisme pratique, qui nous invite à naviguer dans l'existence avec espoir, courage, et une créativité renouvelée.

« Tu crées ce que tu penses, choisis donc de penser ce que tu souhaites vivre. »

Cette citation met en lumière la capacité de la pensée à façonner activement la réalité qui nous entoure. Elle incarne une vérité centrale reconnue à travers diverses disciplines, de la psychologie à la spiritualité, soulignant le rôle de l'intention et de la pensée consciente comme vecteurs de changement et d'évolution personnelle.

La puissance de la pensée créatrice
Nos pensées ne sont pas de simples passagers internes sans impact. Elles bâtissent notre monde. La pensée créatrice, une pratique active de modelage de notre existence, nous engage à aligner nos désirs profonds avec nos pensées quotidiennes. Ce processus transcende la simple positivité pour embrasser une perspective orientée vers la réalisation et l'épanouissement. Il implique de reconnaître nos défis, tout en choisissant des pensées qui construisent le chemin vers nos aspirations.

Choix et responsabilité
L'accent mis sur la responsabilité individuelle dans le choix de nos pensées est vital. Face à toute situation, nous détenons le pouvoir de choisir notre focalisation mentale. Des pratiques telles que la méditation et la pleine conscience nous équipent pour exercer ce choix de manière éclairée, nous guidant intentionnellement vers la réalisation de nos aspirations.

Méthodes de transformation
La gratitude, la visualisation, et l'affirmation de ce que nous voulons sont des pratiques concrètes pour appliquer la pensée créatrice dans notre vie. Ces approches, par leur simplicité, ont le potentiel de transformer radicalement notre existence, nous incitant à vivre pleinement dans le présent et à aligner nos actions avec nos objectifs les plus chers.

Dimension spirituelle

La capacité de créer notre réalité par la pensée est présentée comme un don spirituel, une invitation à co-créer avec l'univers. Cette perspective élève la pratique de la pensée créatrice, la situant dans une démarche de quête de sens et d'alignement avec des principes universels, et nous pousse à envisager nos aspirations dans leur capacité à enrichir non seulement notre vie, mais aussi le monde autour de nous.

Penser notre réalité : un engagement personnel et collectif

L'invitation à «penser ce que tu souhaites vivre» n'est pas simplement un encouragement à l'optimisme, mais un appel à l'action consciente et délibérée. En choisissant intentionnellement nos pensées, nous modelons notre expérience personnelle et participons à la création d'un monde qui reflète nos aspirations les plus profondes. Cette approche ne constitue pas seulement un engagement personnel envers une existence épanouie ; elle est aussi un engagement collectif envers la construction d'une réalité partagée, plus harmonieuse et choisie consciemment.

« J'ai choisi l'optimisme de la jeunesse contre le pessimisme de la raison. »

Dans une société marquée par des défis constants, la dichotomie entre l'optimisme et le pessimisme façonne notre perception du monde et notre interaction avec lui. L'optimisme de la jeunesse, une flamme ardente alimentée par l'espoir et l'aspiration à un avenir meilleur, contraste avec le pessimisme de la raison, une lumière plus tamisée, guidée par l'expérience et la prudence. Ce dialogue intérieur, qui pèse l'audace contre la retenue, est au cœur de la dynamique humaine, influençant à la fois notre développement personnel et collectif.

La perspective optimiste de la jeunesse, caractérisée par un élan vers l'avant, l'enthousiasme, et une certaine insouciance, nous incite à rêver grand et à poursuivre ces rêves avec une énergie inépuisable. Cette approche, loin d'être naïve, repose sur une foi profonde dans le potentiel humain et dans les possibilités d'amélioration et de changement positif. Elle nous encourage à prendre des risques, à expérimenter, et à apprendre de nos échecs sans perdre notre élan.

D'un autre côté, le pessimisme de la raison offre une perspective plus mesurée, enrichie par les leçons tirées de nos expériences et déceptions. Cette vision plus réfléchie et analytique nous permet d'évaluer les situations avec prudence, d'anticiper les obstacles et de planifier avec soin nos prochaines étapes. Elle ne vise pas à éteindre l'optimisme, mais à le tempérer, le rendant ainsi plus durable et adaptable aux réalités changeantes de notre environnement.

Bien souvent, au cours de notre existence, nous observons une transition d'une vision à l'autre. La jeunesse, avec son énergie et son insouciance, est naturellement porteuse d'optimisme. Nous rêvons grand, animés par une foi inébranlable en un avenir radieux et rempli de possibilités. Avec les années qui passent et les expériences qui s'accumulent, cette perspective initiale s'assagit et devient plus raisonnable. Les épreuves et les déceptions tendent à tempérer notre ardeur initiale, nous conduisant souvent à adopter un regard plus prudent et mesuré sur la vie.

Paching Hoé nous propose de renverser notre vision habituelle de ces transitions. Au lieu de considérer ces deux pôles - l'optimisme de la jeunesse et le pessimisme de la raison — comme fondamentalement opposés, il nous invite à les voir comme complémentaires. Cette approche transformatrice suggère que, plutôt que de succomber à un pessimisme croissant avec l'âge, nous pouvons choisir de nourrir et de maintenir l'éclat de notre jeunesse, tout en l'enrichissant avec la sagesse et la prudence que nous apportent nos expériences. En embrassant simultanément ces deux aspects, nous pouvons former une perspective plus complète et équilibrée, capable de nous guider efficacement à travers les complexités et les défis du monde moderne.

L'harmonie entre ces deux perspectives est essentielle pour naviguer dans la complexité du monde actuel. Adopter un optimisme éclairé, qui intègre la sagesse et la prudence de la raison, nous permet de rester ouverts aux possibilités, tout en étant conscients des défis. Cette approche équilibrée encourage un engagement actif avec le monde, où la passion et les rêves sont guidés par la connaissance et l'expérience.

L'application de ce principe d'équilibre dans notre vie quotidienne transforme notre manière de vivre, de travailler et d'interagir avec les autres. Elle nous amène à embrasser des carrières audacieuses et passionnantes, à cultiver des relations enrichissantes, à continuer à progresser et nous améliorer tout au long de l'existence. En fin de compte, elle nous invite à voir chaque défi, non pas comme un obstacle, mais comme une opportunité de démontrer notre résilience, notre créativité, et notre capacité à innover.

Choisir l'optimisme de la jeunesse éclairé par le pessimisme de la raison est un choix de vie qui nous permet de naviguer avec souplesse et efficacité à travers les complexités du monde moderne. Il ne s'agit pas de nier la réalité, mais de choisir de la regarder avec espoir et détermination, armés de la sagesse de nos expériences. En fin de compte, cette polarité ne nous divise pas, mais nous enrichit, offrant une voie vers une existence plus complète et significative.

« Cesse de regarder combien cela coûte, mais plutôt combien
cela rapportera. »

La citation de Paching Hoé résonne profondément dans une époque marquée par l'immédiateté et la quête de gratification instantanée. Elle nous invite à adopter une vision à plus long terme. Le véritable retour sur investissement est mesuré, non pas en termes de biens matériels, mais de croissance personnelle, de contributions significatives à la société, et d'épanouissement spirituel. Cette approche transcende la simple analyse financière pour toucher à des domaines aussi variés que la psychologie, la spiritualité, et la philosophie, offrant ainsi une richesse d'interprétations et d'applications pratiques.

Une redéfinition de la valeur

Au cœur de cette citation se trouve l'invitation à reconsidérer nos critères de valeur. Dans un monde où le prix d'un objet ou d'une expérience est souvent perçu comme son unique valeur, Paching Hoé nous rappelle que les véritables investissements sont ceux qui apportent une richesse intérieure, favorisent notre développement personnel, et contribuent à notre bien-être à long terme. Cette perspective nous encourage à évaluer nos choix, non seulement en termes de coût immédiat, mais aussi de leur potentiel à enrichir notre vie et celle des autres.

Dépasser ses limites personnelles

Paching Hoé met également en lumière la nécessité de dépasser nos propres limites et résistances. Le principe de plaisir, qui nous pousse à rechercher la gratification immédiate, doit être tempéré par le principe de réalité, qui reconnaît la valeur des sacrifices à court terme pour des gains à long terme. Cette dynamique interne nécessite une introspection profonde pour identifier et surmonter nos résistances internes, nous permettant ainsi de réaliser pleinement notre potentiel.

L'investissement en soi

Sur le plan du développement personnel, cette citation suggère que les investissements les plus précieux sont ceux que nous faisons en nous-mêmes : dans notre croissance, notre résilience, et notre capacité à contribuer de manière significative au monde. Elle réaffirme l'importance de la persévérance et de la motivation dans la poursuite de nos objectifs. Les résultats les plus gratifiants sont souvent ceux qui demandent le plus d'effort et de dévouement.

Le potentiel de croissance

La citation résonne avec les principes de psychologie positive. Elle encourage une mentalité de croissance, valorisant le potentiel de développement personnel et professionnel à travers les défis. Elle nous incite à voir au-delà des obstacles immédiats, en reconnaissant que chaque effort, chaque investissement en temps, en énergie, ou en ressources, porte en lui la promesse d'un retour enrichissant, tant sur un plan personnel que collectif.

Conclusion

La citation de Paching Hoé est un appel à élever notre regard au-delà des coûts immédiats et des gratifications éphémères pour embrasser une vision à long terme de notre existence. Elle nous encourage à investir dans ce qui a véritablement de la valeur : notre croissance personnelle, notre bien-être, et notre capacité à faire une différence positive dans le monde. Cette approche, loin d'être une simple stratégie de gestion des ressources, est une philosophie de vie qui favorise une existence plus riche, plus épanouie et plus significative.

« La valeur de nos actions ne s'apprécie pas dans la forme,
mais dans les conséquences. »

Paching Hoé nous invite à réfléchir à la manière dont nous mesurons la qualité et l'impact de nos gestes. Grâce à un éclairage multidisciplinaire, la citation dévoile les dimensions cachées de nos actions, et met en évidence la complexité de leur évaluation au-delà des apparences immédiates. Elle interpelle notre conscience, notre spiritualité, et notre responsabilité, nous poussant à considérer les effets à long terme de nos choix.

Dans un monde où la rapidité et l'immédiateté dominent souvent nos jugements, cette citation nous encourage à adopter une perspective plus contemplative et réfléchie. Elle soulève des questions fondamentales sur nos motivations, l'alignement de nos actions avec nos valeurs profondes, et l'impact de ces actions sur notre entourage et sur le monde.

Conscience et introspection

Sur le plan psychanalytique, cette réflexion nous conduit à examiner la nature de nos désirs, et la manière dont ils se manifestent à travers nos actions. Elle nous incite à distinguer entre les motivations inconscientes et les conséquences réelles, nous offrant un outil puissant pour mieux comprendre et guider nos comportements de manière plus consciente et intentionnelle.

Spiritualité et karma

Du point de vue spirituel, la citation fait écho au principe de karma, nous rappelant que chaque acte génère des conséquences qui influencent notre parcours. Cette perspective enrichit notre compréhension de l'agir, nous encourageant à poser des gestes alignés avec une empreinte spirituelle positive, une intention pure, soulignant ainsi l'importance d'une action éthique et réfléchie.

Impact et résultats

En psychologie, cette citation nous amène à considérer les résultats tangibles comme la véritable mesure de l'efficacité d'une action. Elle met en avant l'importance de la prévision et de l'autorégulation, nous guidant vers des choix qui privilégient des conséquences bénéfiques et durables.

Interconnexion et harmonie

À travers le prisme des traditions chamaniques, nous sommes invités à voir nos actions comme des extensions de nos intentions, interconnectées avec l'univers tout entier. Cette perspective nous rappelle que la qualité d'une action réside dans sa capacité à créer une harmonie entre nos besoins et ceux de la communauté et de l'environnement.

Éthique et conséquentialisme

Philosophiquement, la citation nous met au défi de repenser nos critères d'évaluation des actions, en mettant l'accent sur l'éthique de responsabilité et le conséquentialisme. Elle nous pousse à agir de manière à ce que les fruits de nos actions contribuent positivement à la société et à l'environnement.

Conclusion

Paching Hoé nous appelle à une vie plus authentique et significative, où la qualité de nos actions est appréciée, non pas pour leur forme, mais pour leur contribution réelle au bien-être collectif. Il nous invite à une prise de conscience aiguë des conséquences de nos actes, nous guidant vers des décisions éclairées et réfléchies, qui transcendent les gratifications immédiates au profit d'un impact positif durable. Ce faisant, elle offre une boussole morale et spirituelle pour naviguer dans la complexité du monde contemporain, soulignant la responsabilité individuelle dans la création d'un avenir plus éthique et harmonieux.

« La vérité de qui je suis n'est pas dans ce que je pense ou ce que je dis, mais dans ce que je fais. »

La citation de Paching Hoé tisse une toile riche et complexe autour de l'authenticité et de l'intégrité humaine. Au-delà de nos pensées et paroles, ce sont nos actions qui révèlent l'essence de notre être. Ce thème universel, bien qu'ancien, trouve un écho particulier dans notre contexte contemporain, marqué par une prédominance de l'image et du discours, souvent déconnectés de l'agir concret.

L'authenticité à travers l'action

Paching Hoé nous invite à considérer l'authenticité, non pas comme un idéal abstrait, mais comme une pratique quotidienne. L'idée que « je suis ce que je fais » est un appel à l'intégrité, demandant une congruence entre nos valeurs profondes et nos actions. Cette perspective s'enracine dans une notion psychanalytique : l'inconscient, avec ses désirs et motivations cachés, façonne nos actions d'une manière souvent plus fidèle que nos discours peuvent le faire.

Le karma et l'action désintéressée

La spiritualité, illustrée par le karma yoga, enrichit cette réflexion. Les actions effectuées sans attachement aux résultats résonnent avec une authenticité spirituelle. Chaque geste, chaque choix d'agir de manière alignée avec nos principes, même dans l'obscurité ou loin des regards, contribue à notre chemin de réalisation personnelle et spirituelle.

La congruence comme voie vers l'authenticité

En psychologie, les travaux de Carl Rogers sur la congruence montrent que l'authenticité se manifeste lorsque nos actions reflètent notre être véritable. La congruence désigne l'alignement ou l'accord entre les sentiments internes d'une personne et ses actions ou son comportement externes. Quand une personne est congruente, ses actions sont en harmonie avec ses pensées et émotions internes, ce qui contribue à une vie psychologiquement saine et authentique.

Cette perspective implique un engagement à vivre selon nos convictions, même quand cela est difficile. Elle établit l'authenticité comme une pratique de courage et de résilience.

L'action comme expression de l'intention dans le chamanisme

Dans les traditions chamaniques, l'action est considérée comme la manifestation de la volonté et de l'intention. Nous trouvons ici une autre dimension de l'authenticité. L'acte concret devient un puissant moyen d'effectuer des changements dans le monde spirituel, soulignant l'interconnexion profonde entre l'individu, ses actions, et l'univers tout entier.

La construction de soi par l'action

La philosophie existentialiste nous enseigne que c'est par nos actions que nous nous définissons. Notre existence façonne notre essence. Cette conception place une responsabilité sur nos épaules : celle de choisir nos actions de manière à refléter fidèlement qui nous souhaitons être.

Vers une intégrité d'action

Paching Hoé nous guide vers une prise de conscience de la centralité de l'action dans l'expression de l'authenticité. Il nous incite à réfléchir à la manière dont nos actions, grandes et petites, façonnent notre identité et notre impact sur le monde. En reconnaissant que nos actes sont le reflet de qui nous sommes, nous sommes invités à adopter une intégrité d'action. Cette attitude implique de s'assurer que nos actions sont en accord avec nos valeurs et nos croyances, et d'agir de manière honnête et cohérente — envers nous-mêmes en premier. En pratique, avoir une intégrité d'action peut se manifester dans des actions quotidiennes simples, comme tenir une promesse, ou dans des décisions plus complexes. Chaque choix devient un pas vers une expression plus authentique de notre être.

L'exploration de l'authenticité à travers l'action offre un cadre pour l'évaluation personnelle et la croissance. Elle appelle à agir avec conscience et intention. C'est une invitation à vivre d'une manière qui respecte la profondeur de notre essence et la richesse de notre potentiel, en harmonie avec les autres et le monde qui nous entoure.

« La qualité de nos actions révèle la pureté de nos intentions. »

Paching Hoé nous donne ici une étape clé pour le chemin vers une vie d'authenticité et de responsabilité morale. Ce principe universel s'enracine dans l'introspection et la quête incessante de sincérité dans nos motivations. Il nous guide à travers un voyage d'alignement personnel et interpersonnel, où l'éthique de l'intention devient le fondement de l'action.

Au cœur de l'authenticité
L'invitation de Paching Hoé à explorer la pureté de nos intentions nous conduit vers une introspection profonde. Cette quête intérieure réclame de plonger au-delà des surfaces, pour toucher le noyau de nos désirs et motivations. Elle révèle que l'authenticité n'est pas un état statique, mais un processus dynamique d'alignement constant, entre nos valeurs profondes et nos actions dans le monde.

L'écho spirituel des intentions
En spiritualité, les intentions pures et alignées sont fondamentales, car la force de l'intention transcende le domaine personnel pour toucher à une dimension spirituelle universelle. Dans cette lumière, nos intentions deviennent des vecteurs d'énergie capable de guérir, de connecter, et d'harmoniser. Le principe de la prière repose sur cette notion. Cette perspective réaffirme l'idée que les intentions investies de pureté et de bienveillance ont le pouvoir de transformer non seulement notre intérieur, mais aussi le monde extérieur.

La résonance psychologique
La psychanalyse et la psychologie moderne nous offrent des outils pour décrypter les couches de notre inconscient, nous permettant de comprendre et d'éclairer les motivations réelles qui se cachent derrière nos actions. Ce processus d'analyse et de clarification de nos intentions nous amène à agir de manière plus congruente, renforçant notre intégrité personnelle et notre santé mentale.

172

Une perspective philosophique et éthique

La réflexion sur les intentions s'inscrit également dans une dimension éthique et philosophique, où la moralité de nos actions est intrinsèquement liée à la pureté et à la sincérité de nos motivations. Cette perspective nous rappelle que, au-delà des conséquences de nos actes, c'est dans la pureté de nos intentions que réside la clé d'une vie moralement riche et éthiquement solide.

Vers une pratique quotidienne

La mise en pratique de ce principe dans notre quotidien nous engage dans un mode de vie où chaque geste, chaque parole, et chaque pensée est imprégné d'une intention consciente et réfléchie. En choisissant la pureté dans nos intentions, puis en alignant nos décisions et actions sur ces intentions, nous embrassons un chemin de vie conscient et responsable. La qualité de notre présence et de nos interactions devient un cadeau pour nous-mêmes et pour les autres.

Conclusion

La citation de Paching Hoé nous invite à une réflexion sur la nature de nos motivations, nous encourageant à chercher, à découvrir et à incarner la pureté dans nos intentions. Ce faisant, nous nous engageons sur un chemin de transformation personnelle et collective. Chaque action, animée d'une intention consciente et alignée sur nos valeurs, devient une expression d'authenticité, de bienveillance, et d'harmonie. C'est avec cette quête de sincérité dans nos intentions que nous pouvons bâtir un monde plus juste, aimant, et profondément humain.

« La pure intention, c'est l'intention qui est alignée au principe universel. »

Paching Hoé nous invite à explorer la complexité des intentions qui motivent nos actions. Il souligne que des intentions alignées avec les principes universels conduisent à des résultats bénéfiques. Cette réflexion s'inscrit dans une démarche interdisciplinaire, accentuant l'importance de la pureté des intentions au-delà de l'efficacité apparente de nos actes. Elle met en avant la nécessité d'une authenticité profonde qui résonne avec ces principes universels, forgeant un chemin vers une véritable harmonie intérieure et extérieure.

L'alignement avec les principes universels

Pour Paching Hoé, les intentions pures suivent des principes universels comme l'interconnexion, la cause et l'effet, l'équilibre. Ces intentions vont au-delà de la simple efficacité des actions — les résultats immédiats et apparents —, cherchant à réaliser un bien plus profond et durable. Avoir cette intention implique une compréhension et une considération des conséquences à long terme de nos actions, une conscience de leur impact sur les autres et sur l'environnement, et une démarche visant à soutenir l'harmonie et le bien-être collectif.

La complexité de l'intention et de l'action

La psychanalyse et la spiritualité offrent des perspectives enrichissantes sur la nature des intentions. La psychanalyse montre que nos motivations profondes sont souvent cachées dans notre inconscient. Dans les traditions spirituelles, l'intention est la semence à partir de laquelle découlent toutes les actions. Ces approches mettent en évidence le rôle essentiel de l'intention dans la définition de la valeur et de la moralité de nos actes, indépendamment de leur réussite apparente.

Identifier nos intentions
La maxime de Ptahotep, « Une parole sage est plus cachée que l'émeraude. Pourtant on la trouve auprès d'humbles serviteurs qui broient le grain », souligne que la parole sage, l'expression extérieure d'une intention pure et authentique, est souvent subtile et cachée. Pour Ptahotep, les vérités les plus profondes se découvrent dans la simplicité et l'humilité. La compréhension de nos intentions ne repose pas sur l'observation de la valeur extérieure de nos actions, mais sur l'exploration de notre cœur.

La pureté de l'intention comme force transformatrice
Dans les pratiques chamaniques et en philosophie, cultiver des intentions pures constitue une force transformatrice puissante, capable de guider nos actions vers des effets positifs durables. Que ce soit à travers des gestes simples ou des démarches plus complexes, l'alignement de nos intentions avec des valeurs d'équité et de bienveillance est présenté comme le fondement d'une action juste et harmonieuse.

La résonance de l'intention avec le collectif
La citation nous invite à reconnaître l'impact réel de nos intentions, non seulement sur notre parcours personnel, mais aussi sur le tissu de nos relations et de la société. En cherchant la vérité dans nos intentions, nous nous engageons dans un chemin de vie conscient et responsable. Chaque action reflète une démarche éthique profonde, influençant positivement le monde autour de nous.

Conclusion
Paching Hoé nous invite à reconsidérer l'importance que nous accordons à l'efficacité dans nos vies. Il nous encourage à favoriser l'intégrité et la pureté des intentions. Cette perspective nous incite à cultiver un engagement moral et éthique profond, capable de transcender les résultats immédiats. En privilégiant l'intention pure,

chaque acte devient l'expression de notre alignement avec les principes universels. Cette vision du monde conduit à une vie enrichie et authentique, marquée par la vérité et l'harmonie, avec soi-même et avec l'univers.

« La confiance en soi augmente l'efficacité. »

La confiance en soi est une pierre angulaire de l'existence humaine, influençant notre interaction avec le monde, nos aspirations, et notre capacité à transformer nos rêves en réalité. Cette force intérieure, qui émane de la certitude en nos compétences et de notre connexion profonde avec notre véritable essence, est le moteur de notre efficacité personnelle et professionnelle. Elle est la manifestation de notre dialogue intérieur, nourrie par notre expérience et notre compréhension spirituelle. Elle façonne notre comportement, notre attitude et, par extension, notre succès.

Impact de la confiance en soi sur la persévérance et le succès

La persévérance est essentielle pour atteindre le succès et un épanouissement personnel. La maxime de Ptahotep, « L'activité produit la richesse, mais elle ne dure pas quand l'activité se relâche », illustre l'importance de l'effort continu, animé par la confiance en nos capacités, qui est fondamental pour la prospérité matérielle comme pour la richesse intérieure et spirituelle.

Dynamique entre patience et confiance en soi

La confiance en soi est directement liée à la patience, révélant une dynamique où l'une alimente et renforce l'autre. La patience, loin d'être une simple capacité à attendre, devient un terrain fertile pour la croissance et l'épanouissement de la confiance. Cette relation symbiotique entre la confiance et la patience souligne l'importance de cultiver les deux pour naviguer avec succès dans les complexités de la vie.

Influence sociale de la confiance en soi

La confiance en soi est également au cœur de notre interaction sociale. Elle nous permet de communiquer clairement, de partager nos idées avec conviction, et d'établir des connexions significatives. Ces compétences sociales, enrichies par la confiance, accroissent notre efficacité dans les sphères personnelle et professionnelle, facilitant la collaboration, l'innovation, et la résolution de conflits.

Leadership et initiative grâce à la confiance en soi

Dans le domaine professionnel, la confiance en soi est souvent synonyme de leadership et d'initiative. Elle équipe les individus pour assumer des responsabilités, inspirer les autres, et relever des défis ambitieux. Cette assurance a un impact considérable sur la gestion du stress et la capacité à surmonter les obstacles, contribuant à une récupération plus rapide et à une plus grande résilience.

Cultiver la confiance en soi

Reconnaître que la confiance en soi n'est pas statique, mais dynamique est déterminant. Cette qualité se cultive et se développe. L'éducation, les expériences vécues et les succès antérieurs jouent un rôle essentiel dans la construction de la confiance en soi. En affrontant délibérément les doutes et les défis, et en célébrant nos réalisations, nous renforçons notre confiance en soi, créant un cercle vertueux de croissance et de succès.

Conclusion

La confiance en soi est plus qu'une simple qualité personnelle. Elle est le reflet de notre dialogue intérieur avec nous-mêmes et avec le monde qui nous entoure. Elle influence notre capacité à agir, à interagir, et à réaliser nos objectifs. En cultivant la confiance en soi, nous ouvrons la porte à une vie marquée par l'efficacité, le succès et l'épanouissement, transformant notre vision du monde et notre place en son sein.

« La patience est signe de confiance en soi, tandis que l'impatience dénote une incertitude quant à soi-même. »

Explorer la patience et l'impatience comme reflets de la confiance en soi et de l'incertitude personnelle enrichit la compréhension de notre relation au temps, de nos aspirations et de notre estime de soi. Cette exploration valorise la patience comme une vertu essentielle. Cette qualité devient le reflet d'une confiance intérieure solide, une manifestation de notre capacité à faire face à l'incertitude et à l'ambiguïté avec assurance et calme. À l'opposé, l'impatience est interprétée comme l'expression de nos doutes et insécurités, révélant une lutte intérieure quant à la perception de nos capacités et de notre valeur.

En psychanalyse, la patience est reliée à la capacité de différer la gratification, un indicateur de maturité psychologique et de confiance dans la poursuite de buts à long terme. Cette capacité à attendre reflète une bonne estime de soi et une assurance dans nos interactions avec le monde. La patience est ainsi vue comme une compétence développée dès l'enfance, essentielle à notre bien-être et à notre succès.

Dans les traditions spirituelles et chamaniques, la patience est une qualité spirituelle, essentielle à la connexion avec le Divin et le cosmos. Elle symbolise une harmonie avec les cycles de la vie et une foi dans l'ordre naturel des choses, l'acceptation que tout se déroule selon une temporalité universelle, hors de notre contrôle immédiat.

La philosophie et la psychologie moderne voient dans la patience une manifestation de la maîtrise de soi et de la résilience, nécessaires pour notre quête de vérité et de réalisation personnelle. La patience permet de naviguer à travers les défis de la vie avec une perspective plus équilibrée et réfléchie, offrant une fondation solide pour la croissance personnelle et spirituelle.

Dans notre vie quotidienne, considérer l'impatience comme un miroir reflétant nos incertitudes et doutes sur nos capacités ouvre la porte à un développement personnel significatif. Face à des obstacles ou à des retards, nos réactions d'impatience deviennent les signes d'inquiétudes quant à notre compétence et notre aptitude à réaliser nos objectifs. Chaque épisode d'impatience se transforme en une occasion d'examiner nos peurs, de les confronter et de les surmonter. Ce processus, tout en réduisant notre tendance à l'impatience, renforce notre estime de soi et notre capacité à affronter les défis futurs. L'impatience n'est plus un défaut à éradiquer, nous conduisant à une autocritique sévère et une culpabilité inutile, mais une opportunité pour fortifier notre confiance en soi. Comprendre l'impatience comme une manifestation de nos incertitudes internes et de notre insécurité la transforme en un levier de croissance et d'épanouissement personnel, nous évitant le piège de la culpabilité et du jugement négatif envers soi-même.

En conclusion, la perspective de Paching Hoé sur la patience comme reflet de la confiance en soi et l'impatience comme indicateur d'incertitude personnelle nous offre une voie vers une compréhension plus profonde de notre propre nature. Elle nous encourage à cultiver la patience comme une expression de notre assurance intérieure, reconnaissant que notre capacité à embrasser l'attente et à persévérer face à l'adversité est intrinsèquement liée à notre estime de soi et à notre vision du monde. Cette exploration nous invite à réévaluer notre relation avec le temps, à valoriser le processus autant que le résultat, et à trouver dans la patience une source de force, de sagesse, et d'épanouissement.

« Aie confiance en toi, et recommence. »

Paching Hoé nous donne ici une clé pour naviguer sereinement dans les tumultes de l'existence. Cette citation, à la croisée des chemins entre la psychanalyse, la spiritualité, la philosophie et la psychologie moderne, suggère une approche de vie empreinte de résilience et de croissance personnelle. Elle nous exhorte à percevoir la confiance en soi, non comme un concept abstrait, mais comme le socle sur lequel repose la capacité à se relever, à se transformer, et à s'épanouir.

Confiance en soi et résilience
Cette citation met en lumière la confiance en soi comme fondement de la résilience. À travers le prisme de la psychanalyse, elle invite à une introspection profonde, à un dialogue intérieur visant à dépasser les barrières que sont les complexes d'infériorité et les peurs irrationnelles, libérant ainsi le potentiel de croissance individuelle.

Le cycle de la vie
La spiritualité et les traditions chamaniques nous apprennent à accepter les cycles de vie, de mort, et de renaissance comme des étapes naturelles de notre parcours existentiel. « Aie confiance en toi et recommence » résonne alors comme un appel à embrasser le renouvellement constant, à voir dans chaque fin une opportunité de nouveau départ.

Philosophie de l'action
La citation trouve un écho dans la philosophie existentialiste, qui valorise l'engagement actif dans la construction de sa propre vie. Elle souligne l'importance de la confiance en soi pour oser agir, pour prendre des initiatives qui reflètent notre authenticité et notre volonté de donner un sens à notre existence.

Exemples et illustrations
Des figures emblématiques comme Maya Angelou et des mythes inspirants tels que celui du Phénix illustrent la citation de Paching

Hoé. Ces exemples mettent en lumière la force de la confiance en soi et la capacité à se redéfinir face aux défis. Maya Angelou, qui transcende des expériences de vie douloureuses en poésie puissante et militante, démontre comment la foi en ses valeurs transforme des situations d'adversité en opportunités de changements significatifs. Parallèlement, le Phénix, se régénère de ses cendres, plus beau et plus fort qu'avant. Il symbolise la renaissance continue et l'importance de surmonter les échecs dans le processus de croissance personnelle. Chaque adversité traversée enrichit notre développement, augmentant notre résilience et fortifiant notre confiance pour affronter les défis futurs. Ensemble, ils incarnent l'idée que la confiance en ses propres capacités est essentielle pour réaliser des accomplissements majeurs et amener à une transformation individuelle et collective profonde.

Applications pratiques
Dans notre vie quotidienne, cette invitation à avoir confiance en soi se manifeste par une ouverture aux expériences, une réceptivité aux enseignements que chaque échec apporte, et une persévérance renouvelée vers l'atteinte de nos aspirations les plus chères. Elle nous encourage à adopter une posture de vie où chaque jour est vu comme une toile vierge, prête à être peinte avec les couleurs de nos rêves et de nos actions.

Conclusion
Paching Hoé nous offre une vision enrichissante et holistique de la confiance en soi comme moteur de résilience et de renouveau. Il nous invite à intégrer cette confiance au cœur de notre être, à la reconnaître comme un alignement avec les cycles de la nature, et comme un pilier sur lequel s'appuyer pour naviguer dans les défis de la vie. Cette philosophie de vie, ancrée dans la confiance en soi, se révèle être une boussole précieuse pour quiconque cherche à se dépasser et à vivre en harmonie avec soi-même et le monde.

« L'autorité bienveillante, c'est l'ordre sans le pouvoir. »

La définition de Paching Hoé de l'autorité bienveillante nous invite à revisiter notre compréhension de l'éducation et du leadership, tant dans la sphère familiale que professionnelle. Sa perspective renverse l'idée traditionnelle de l'autorité, qui repose souvent sur la peur et la domination, pour proposer un modèle où l'amour, la compréhension, et le soutien mutuel sont au cœur des relations humaines.

L'autorité bienveillante, selon Paching Hoé, repose sur l'idée que la vraie force réside dans la capacité à guider sans imposer, à éduquer sans réprimer, et à inspirer sans contraindre. Elle invite les parents, les éducateurs, et les leaders à adopter une approche plus holistique et empathique, où la communication et le respect mutuel sont privilégiés.

Dans le domaine familial, cette approche se manifeste par une relation parent-enfant basée sur le dialogue et la compréhension, tout en maintenant un ordre et des règles claires et cohérentes. Au lieu de recourir à la culpabilisation ou à la punition, l'autorité bienveillante encourage à expliquer les raisons derrière les règles et à impliquer l'enfant dans le processus de prise de décision. Cette méthode favorise le développement de l'autonomie de l'enfant et renforce son estime de soi. Elle assure également la préservation d'un cadre sécurisant et structuré où les limites sont clairement définies, mais justes. Ainsi, l'autorité n'est pas écrasante, mais la fondation sur laquelle l'enfant s'appuie pour apprendre la valeur de la discipline personnelle et du respect mutuel.

Sur le plan professionnel, un leader bienveillant devient une source d'inspiration pour ses collaborateurs. En mettant l'accent sur la motivation et le soutien, plutôt que sur la surveillance et la sanction, cette forme de leadership cultive un environnement de travail où la créativité, l'engagement, et la coopération peuvent s'épanouir. Les employés se sentent valorisés et respectés, ce qui stimule leur désir de contribuer au succès collectif.

Sur le plan psychologique et spirituel, l'autorité bienveillante est alignée avec les principes de croissance personnelle et de développement spirituel. Elle reconnaît que chaque individu, qu'il soit enfant ou adulte, est en quête de sens et d'accomplissement. En offrant un espace où la liberté personnelle et la responsabilité sont encouragées, l'autorité bienveillante permet à chacun de découvrir et de réaliser son potentiel unique.

La vision de l'autorité bienveillante de Paching Hoé s'inscrit dans la lignée des traditions anciennes. La maxime de Ptahotep, sage de l'Égypte antique, « Qu'on ne mette pas la crainte chez l'homme, qu'on lui procure une vie au sein de la paix, et que l'on obtienne qu'il donne volontiers ce qu'on lui prenait en l'effrayant » souligne l'efficacité d'un leadership qui favorise la paix, le respect mutuel et la compréhension. Cette maxime met en lumière trois principes fondamentaux pour exercer une autorité morale et efficace. En évitant d'utiliser la peur comme méthode de contrôle, le leader favorise un environnement où les individus se sentent en sécurité et respectés. Un cadre de vie paisible encourage les individus à se développer et à contribuer à la société de façon constructive. Lorsque les personnes donnent de leur propre volonté et non sous la contrainte, ils le font avec une motivation et une implication plus fortes, ce qui est bénéfique tant pour l'individu que pour la collectivité.

En intégrant ces anciennes sagesses dans les pratiques modernes, nous voyons comment les principes de leadership et d'autorité ont évolué tout en restant ancrés dans des vérités universelles sur la nature humaine et la société. La pensée de Paching Hoé et de

Ptahotep nous rappelle que la véritable autorité est obtenue par la confiance et le respect, plutôt que par la contrainte et la peur.

En somme, les réflexions de Paching Hoé sur l'autorité bienveillante nous invitent à reconsidérer nos interactions avec les autres, qu'ils soient nos enfants, nos collègues, ou nos élèves. Elles mettent en lumière l'importance de la compassion, de l'empathie, et du respect dans la construction de relations saines et gratifiantes. En adoptant cette approche, nous pouvons non seulement enrichir notre propre vie, mais aussi contribuer à créer une société plus harmonieuse et coopérative, où chaque individu est valorisé et soutenu dans son chemin vers l'épanouissement.

« Pour éduquer et guider convenablement nos enfants, nous devons abandonner nos peurs. »

Les réflexions de Paching Hoé sur l'éducation, centrées sur l'importance de surmonter nos peurs pour guider efficacement nos enfants, révèlent une vérité profonde sur le rôle des adultes dans le développement de la prochaine génération. L'essence de la citation se cristallise autour de l'idée que pour élever des individus résilients, confiants et autonomes, il est essentiel que les parents et les mentors fassent face à leurs propres angoisses et incertitudes.

Surmonter les peurs pour libérer le potentiel

Au cœur de cet enseignement réside la reconnaissance que nos peurs, souvent ancrées dans nos propres expériences et insécurités, restreignent inconsciemment l'épanouissement de nos enfants. La psychanalyse nous montre comment ces peurs projettent des ombres sur les jeunes esprits. La spiritualité et les traditions chamaniques soulignent la nécessité de purifier ces appréhensions pour maintenir l'harmonie et favoriser un environnement propice à la croissance.

Éducation comme acte de liberté

Dans une perspective philosophique, l'éducation dépourvue de peur n'est pas seulement un acte d'amour, mais aussi un acte de libération. Elle prépare le terrain pour que les enfants explorent, questionnent et construisent leur propre chemin avec courage et détermination. Cette approche encourage une autonomie chez l'enfant, essentielle pour naviguer dans les complexités du monde moderne.

Impact psychologique de la confiance

La psychologie moderne renforce cette vision, mettant en lumière l'impact transformateur d'un climat familial exempt de peurs. En incarnant la confiance, la patience et la résilience, nous transmettons ces qualités chez nos enfants. Ainsi armés, ils développent une forte estime de soi et une capacité à affronter les défis avec optimisme.

Exemples inspirants
Les récits de figures historiques et mythologiques, telles que Gandhi ou Ulysse, qui ont surmonté des épreuves grâce à leur force intérieure, illustrent la puissance de l'exemple. En montrant à nos enfants comment faire face aux épreuves avec confiance et intégrité, nous leur transmettons des leçons de vie inestimables.

Conclusion
Les enseignements de Paching Hoé invitent à une réflexion profonde sur l'acte d'éduquer. Ils nous rappellent que, en tant que parents et éducateurs, notre plus grand défi est aussi notre plus grande opportunité : transcender nos peurs pour ouvrir la voie à une nouvelle génération capable de réaliser son potentiel plein et entier. Cette approche holistique, ancrée dans une compréhension psychologique, spirituelle et philosophique, offre une perspective enrichissante sur l'éducation, soulignant que le véritable enseignement dépasse la simple transmission de connaissances, pour toucher au cœur même de l'être humain.

« Regarde toujours ton enfant comme quelqu'un qui ne comprend pas, plutôt que comme un enfant qui refuse d'agir. »

Cette citation révèle une profonde sensibilité à la fois envers l'enfant et envers la dynamique parentale. Elle invite à une approche empathique et compréhensive de l'éducation, mettant en avant la nécessité de considérer l'enfant comme un être en développement, plutôt que comme un individu délibérément récalcitrant.

Examinons le choix des mots. L'emploi du verbe « regarder » évoque une action consciente et délibérée, suggérant une posture d'observation attentive et réfléchie. En utilisant l'adverbe « toujours », Paching Hoé souligne l'importance de cette attitude dans toutes les interactions avec l'enfant, indiquant qu'il s'agit d'un principe fondamental en matière d'éducation.

L'opposition entre « ne comprend pas » et « refuse d'agir » est significative. Paching Hoé met en lumière la distinction entre l'incapacité de l'enfant à saisir une instruction ou une situation, et une résistance délibérée à obéir. Cette nuance est essentielle pour éviter de porter des jugements hâtifs sur le comportement de l'enfant, et pour favoriser une approche bienveillante et constructive.

Cette citation révèle également une profonde connaissance de la psychologie infantile. En percevant l'enfant comme quelqu'un qui ne comprend pas, Paching Hoé reconnaît implicitement les limites naturelles de son développement cognitif et émotionnel. Il invite les parents et les éducateurs à ajuster leurs attentes en fonction du stade de développement de l'enfant, et à adopter des méthodes d'enseignement et de communication adaptées à son niveau de compréhension.

Dans la relation parent-enfant, cette citation met en lumière l'importance de la communication empathique. En privilégiant la compréhension plutôt que la réprimande, les parents créent un climat de confiance et de respect mutuel dans la famille. Cette attitude encourage l'enfant à exprimer ses besoins et ses émotions de manière ouverte et constructive, renforçant ainsi le lien affectif entre les membres de la famille.

Pour illustrer cette pensée dans la vie quotidienne, imaginons un parent qui demande à son enfant de ranger sa chambre. Au lieu de supposer immédiatement que l'enfant refuse de ranger sa chambre par paresse ou désobéissance, le parent pourrait prendre le temps d'expliquer clairement ses attentes, les raisons de sa demande, ainsi que les bénéfices pour l'enfant à vivre dans une chambre bien rangée. En adoptant une approche patiente et empathique, le parent aide l'enfant à comprendre l'importance du rangement et à coopérer volontairement.

En conclusion, Paching Hoé offre un précieux conseil pour les parents et les éducateurs, en soulignant l'importance de la patience, de l'empathie et de la compréhension dans l'éducation des enfants. En adoptant cette perspective, les adultes favorisent un environnement familial sain et bienveillant, propice à l'épanouissement et au développement harmonieux de l'enfant.

« On ne punit pas son enfant, on l'enseigne par l'exemple, la répétition et la patience. »

Dans la philosophie éducative de Paching Hoé se dessine une vision riche et nuancée de l'accompagnement de l'enfant vers son épanouissement. Cette perspective, marquée par l'abandon des méthodes punitives au profit de l'enseignement par l'exemple, la répétition et la patience, soulève une approche renouvelée dans l'éducation, fondée sur l'empathie, le respect et l'encouragement au développement personnel.

La force de l'exemplarité

Paching Hoé nous rappelle que l'exemplarité constitue le socle de toute éducation vertueuse. L'enfant, observateur attentif de son environnement, imite naturellement les comportements des figures d'autorité qui l'entourent. Être un modèle de bienveillance, de respect et de patience enseigne bien plus efficacement ces valeurs à l'enfant que toute parole ou punition. En incarnant les principes que nous souhaitons transmettre, nous guidons l'enfant vers leur intégration authentique.

La valeur de la répétition

La répétition, loin d'être une simple redondance, est identifiée par Paching Hoé comme un pilier essentiel dans l'ancrage des apprentissages. Elle permet une familiarisation progressive avec les concepts et les comportements souhaités, facilitant leur assimilation. Cette méthode reconnaît que l'apprentissage est un processus évolutif, nécessitant temps et exposition répétée, et invite à une éducation patiente et persévérante.

La patience, vertu primordiale

La patience est élevée au rang de vertu primordiale, indispensable au développement harmonieux de l'enfant. Elle témoigne d'une compréhension et d'un respect pour le rythme individuel de chaque enfant, encourageant un environnement d'apprentissage sécurisant où l'enfant peut explorer, échouer et progresser, sans crainte de jugement ou de réprimande. Cette qualité est essentielle pour bâtir une relation de confiance et de soutien entre l'enfant et l'adulte.

Une approche holistique

Paching Hoé embrasse une approche holistique de l'éducation. Il interpelle sur la nécessité d'une transformation dans les méthodes éducatives, privilégiant l'encouragement et l'accompagnement bienveillant. Cette vision met en lumière l'importance de forger des êtres humains conscients, responsables et bienveillants, capables de contribuer positivement à la société.

L'enseignement de Paching Hoé transcende les simples directives pédagogiques, pour toucher au cœur même de la relation humaine. Il nous invite à repenser notre manière d'interagir avec la jeune génération, nous encourageant à cultiver des valeurs d'empathie, de patience et d'amour. Sa démarche offre, non seulement un cadre pour l'épanouissement de l'enfant, mais aussi pour la croissance personnelle de chaque éducateur, modelant un avenir où l'éducation est vectrice de transformation positive pour l'individu et la collectivité.

« Le secret, un mur que l'on construit afin de faire le contraire
de ce que l'on enseigne. »

Dans la quête de l'authenticité et de l'intégrité, Paching Hoé nous invite à réfléchir sur la dissonance entre nos paroles et nos actions. La citation nous confronte à la dualité de notre nature. Les secrets agissent comme des cloisons, séparant nos idéaux proclamés de nos comportements réels. Ils révèlent une tension interne entre notre aspiration à l'intégrité et la réalité de nos contradictions.

La notion de secret, décrite comme un mur érigé, nous pousse à explorer les raisons profondes qui nous motivent à dissimuler certaines vérités ou à agir en contradiction avec nos enseignements. Ce mur symbolise, non seulement une barrière entre soi et les autres, mais soulève également la question de la fragmentation de notre identité : une face publique, conforme aux attentes et aux normes sociales, et un versant privé, où résident désirs inavoués et actions incohérentes avec l'image projetée.

Au-delà d'une critique de l'hypocrisie, cette réflexion souligne les complexités de l'existence humaine. Chaque individu lutte pour harmoniser ses multiples facettes dans un monde où les apparences exercent une pression. La citation nous incite à reconnaître l'importance de la congruence entre nos valeurs et nos actes. L'intégrité n'est pas simplement une question de transparence, mais également un engagement envers soi-même et envers les autres.

Cette perspective trouve un écho dans les traditions spirituelles et chamaniques, où la vérité et l'authenticité sont perçues comme fondamentales à l'équilibre intérieur et à la guérison. Dans cette vision, les secrets représentent des obstacles au développement personnel, des ombres qui entravent la libre circulation de l'énergie vitale et la pleine réalisation de soi.

D'un point de vue psychologique, la dissimulation et la discordance entre enseignements et pratiques engendrent une dissonance cognitive, source de stress et de mal-être. Cette tension intérieure, si elle n'est pas reconnue, nuit à notre bien-être et à nos relations, créant un écart croissant entre une image de soi idéalisée et notre véritable nature.

Du point de vue philosophique, la citation nous amène à réfléchir sur la valeur de l'authenticité et de la transparence dans nos interactions avec les autres et avec nous-mêmes. Elle interroge sur les défis inhérents à la quête d'une vie vécue en harmonie avec nos principes les plus chers.

En somme, Paching Hoé nous encourage à abattre les murs du secret pour embrasser une existence où l'authenticité et l'intégrité guident nos pas. C'est dans l'acceptation de notre complexité et dans l'effort vers une cohérence entre nos convictions et nos actions que réside la clé d'une vie épanouie et authentique.

« Le Maître a pour pure intention de nous aider, pas de nous parler de lui. »

Paching Hoé nous plonge au cœur d'une exploration sur l'essence véritable de l'enseignement et du mentorat. Il illumine les chemins obscurs des dynamiques de pouvoir et des intentions cachées dans les relations humaines. Cette citation soulève le voile sur le contraste entre le désir d'aider authentiquement et les pièges de l'ego et de la domination.

Enseigner, dans son expression la plus noble, transcende la simple transmission de connaissances. C'est un acte d'amour désintéressé, où le maître, loin de chercher à imposer sa grandeur, devient le pont facilitant l'épanouissement de l'élève. L'enseignant aide l'élève à explorer et à réaliser ses capacités, en guidant et en soutenant son chemin vers un développement personnel approfondi. Cette approche exprime une connaissance significative de l'altérité, où la figure de l'enseignant agit, non comme un miroir reflétant sa propre lumière, mais comme une fenêtre ouverte sur le potentiel infini de l'apprenti.

Cependant, cette relation pédagogique idéale est souvent menacée par les figures de pouvoir qui, sous couvert d'enseigner, cherchent à asseoir leur propre supériorité. Ces pseudo-mentors, égarés par leur désir de contrôle et d'admiration, entravent plutôt qu'ils ne favorisent le chemin vers la connaissance et la sagesse. La distinction entre ces deux figures souligne l'importance de discerner les véritables intentions derrière les gestes de l'enseignant.

La spiritualité et les traditions chamaniques, avec leur insistance sur l'authenticité et la connexion, offrent des perspectives enrichissantes sur cette thématique. Elles nous rappellent que la vérité et l'éclaircissement spirituel ne peuvent être atteints que dans un espace de respect mutuel et de liberté, loin des chaînes de l'ego et de la manipulation.

La psychologie moderne, en écho à ces anciennes sagesses, met en lumière les effets délétères de la dissonance cognitive engendrée par un enseignement qui ne s'accorde pas avec les actes. Ce conflit intérieur, source de stress et d'anxiété, mine la confiance en soi et dans les autres, sapant les fondements de notre bien-être psychologique.

Paching Hoé nous interpelle sur l'importance de l'intégrité et de l'humilité dans toute relation d'aide ou d'enseignement. Elle nous invite à rechercher et à incarner la figure du Maître véritable, celui dont la seule ambition est d'éclairer le chemin de l'autre, sans ombre ni détour. Ce faisant, elle nous encourage à devenir des sources de lumière pure, guidant les autres, non vers nous-mêmes, mais vers leur propre découverte de soi et de l'univers.

Dans cette quête de mentorat authentique et bienveillant, nous sommes tous appelés à devenir des maîtres à notre manière, en partageant notre sagesse et notre soutien avec ceux qui croisent notre chemin. En transcendant les pièges de l'ego et en cultivant une intention pure d'aide, nous contribuons à bâtir un monde plus harmonieux, où chacun est à la fois enseignant et apprenant dans le grand cycle de la vie.

« Le Maître dit à son élève : "Lorsque je te regarde, je vois mon passé ; lorsque tu me regardes, tu vois ton futur." »

La citation de Paching Hoé éclaire d'une lumière inattendue la relation maître-élève, dévoilant un voyage partagé à travers le temps et l'espace de l'apprentissage. Elle nous plonge dans la contemplation de la continuité de la vie. Chaque interaction devient un fil tissé dans la toile de l'existence humaine, reliant le passé, le présent et le futur dans un cycle éternel de transmission et de transformation.

Cette pensée repose sur une compréhension de la nature cyclique de l'existence. Elle met en relief la beauté de la transmission de la sagesse entre générations. Elle souligne l'importance de l'humilité et de l'empathie dans la relation maître-élève. Le maître, voyant son passé dans les yeux de son élève, est rappelé à son propre parcours, marqué par des épreuves, des erreurs, mais aussi des victoires. Son regard illustre la vulnérabilité et la croissance qui caractérisent le chemin vers la sagesse.

L'élève, quant à lui, perçoit dans le regard de son maître la promesse d'un avenir où les possibilités de croissance et de réalisation personnelles sont infinies. Cette ouverture sur le futur est source d'inspiration et de guidance. L'exemple de son maître lui montre que, malgré les obstacles et les défis, la voie vers la maturité spirituelle et la connaissance est jalonnée d'enseignements précieux et de sagesse partagée.

Cette reconnaissance mutuelle crée un lien profond entre le maître et l'élève, chacun voyant dans l'autre un reflet de ses potentiels et réalisations. Cette interaction souligne la responsabilité partagée dans le voyage de l'apprentissage, où chacun joue un rôle essentiel dans l'épanouissement de l'autre.

Au-delà du contexte éducatif traditionnel, cette citation résonne avec les principes des traditions spirituelles et chamaniques, qui valorisent la transmission du savoir sacré et des vérités universelles. Elle évoque la manière dont les connaissances ésotériques et les clés de la compréhension du monde sont transmises de maître à disciple. Le véritable enseignement transcende la simple communication d'informations, pour devenir un partage d'expériences et de vision du monde.

Dans le grand continuum du temps, nous sommes tous à la fois maîtres et élèves, engagés dans un processus perpétuel de découverte, d'apprentissage et d'enseignement. Cette citation nous incite à reconnaître et à honorer notre place dans ce cycle, à embrasser notre rôle dans la chaîne ininterrompue de la sagesse humaine. Elle nous rappelle l'importance de vivre avec intention, d'ouvrir notre cœur et notre esprit à l'apprentissage constant et au partage généreux de notre savoir et de notre expérience.

En définitive, Paching Hoé nous propose une réflexion profonde et enrichissante sur la relation entre enseignants et élèves, sur la transmission intergénérationnelle du savoir et sur notre rôle dans le tissage de l'histoire collective de l'humanité. Il nous invite à contempler avec humilité et gratitude les liens qui nous unissent à travers le temps, nous poussant à reconnaître la valeur de chaque enseignement partagé et de chaque espoir d'avenir que nous offrons et recevons.

Conclusion

Nous voici au terme du premier volume sur la Conscience. Ce point de clôture n'est en réalité qu'une ouverture vers une aventure plus vaste et profondément transformatrice.

Une préparation à l'Éveil

Dans ce premier livre, nous avons exploré comment notre vision de nous-mêmes, des autres et du monde influence notre existence. Les enseignements présentés nous préparent à la phase suivante du processus d'évolution spirituelle, l'Éveil. Passer de la conscience à l'éveil nécessite de commencer activement à réfléchir sur soi, sur nos pensées et nos croyances, et de décider de changer ce qui nous éloigne de notre nature véritable et de nos aspirations profondes.

La transformation personnelle, un thème récurrent dans les enseignements de Paching Hoé, est un voyage à la fois complexe et enrichissant. Cette métamorphose ne se limite pas à un simple changement de comportement ou à une modification superficielle de nos habitudes. Il s'agit d'une révolution intérieure, d'une redécouverte de qui nous sommes, et de ce que nous aspirons à devenir. Paching Hoé nous sert de guide sur ce chemin semé de défis, nous offrant les outils nécessaires pour naviguer dans les eaux parfois tumultueuses de notre psyché.

La complexité du chemin de transformation

Ce chemin commence par la prise de conscience de nos pensées et de nos croyances, un processus complexe. Nos schémas de pensée sont profondément enracinés. Ils reposent sur nos expériences passées, sur des influences culturelles, et des conditionnements sociaux. Paching Hoé nous invite à examiner ces croyances avec un œil critique, à questionner leur validité et à reconnaître leur impact sur notre vie. Il insiste sur le fait que notre réalité est façonnée par le

209

prisme à travers lequel nous choisissons de voir le monde. Reconnaître et remettre en question nos schémas de pensée habituels est essentiel pour opérer un véritable changement dans nos vies.

Le courage et la persévérance nécessaires

Changer ces schémas de pensées et de croyances nécessite du courage et de la volonté. Il est souvent plus confortable de rester dans le cadre familier de nos habitudes, même si elles sont destructrices ou limitatives. Paching Hoé nous rappelle que la guérison et la transformation sont des actes de bravoure, demandant non seulement de se confronter à nos peurs, mais aussi de nous engager dans un processus de reconstruction de soi qui peut être long et exigeant. La notion de guérison traverse ses citations comme un fil rouge, nous rappelant que la douleur et les épreuves sont des opportunités de croissance et de transformation.

L'engagement envers soi-même

Ce parcours nécessite un engagement constant envers soi-même. La transformation personnelle demande plus que de simples efforts occasionnels. Elle réclame une pratique quotidienne, une attention continue à nos pensées et actions, et la volonté de développer des pensées alignées sur nos valeurs et aspirations. C'est un engagement à vivre de manière authentique et consciente. Pour chacun, le voyage est marqué par notre temporalité propre, avec ses défis et révélations. La patience et la persévérance sont des vertus indispensables. Les changements importants et durables exigent du temps, des efforts constants, et une foi dans le processus de transformation. Malgré les obstacles et les moments de doute, la persévérance porte ses fruits.

En nous guidant à travers le labyrinthe de notre psyché, Paching Hoé nous offre la clé pour débloquer notre potentiel de guérison et de croissance. Il nous invite à reconnaître et à embrasser notre complexité, à faire face à nos peurs, et à transformer nos défis en tremplins vers une existence plus riche et plus épanouie. Ce chemin est celui qui mène à la liberté véritable et à la réalisation de soi, ouvrant la voie à une vie créée librement et consciemment, conforme à nos valeurs et à nos aspirations les plus profondes

Une odyssée en trois volumes
Notre voyage ne se termine pas à la fin de cet ouvrage. Nous sommes en réalité au seuil d'une odyssée littéraire et spirituelle, abordant les trois phases de l'évolution spirituelle : Conscience, Éveil et Plénitude. Chaque étape sera explorée dans un volume dédié. Ce format vise à créer un dialogue enrichissant entre la sagesse ancestrale et l'application contemporaine, entre l'universel et le personnel.

Conscience : La base du voyage
— Nous venons de parcourir le premier tome, « Conscience », qui pose les bases de la pensée de Paching Hoé. Ce livre est conçu comme une introduction aux principes qui éclairent le chemin vers une prise de conscience accrue de soi et du monde.

Éveil : La transformation
— Le prochain ouvrage s'attardera sur la phase de l'Éveil, avec un volume centré sur les réflexions de Paching Hoé concernant la transformation personnelle.

Plénitude : L'harmonie réalisée
— Enfin, la série se conclura par le volume sur la Plénitude, où Paching Hoé nous enseignera comment atteindre l'harmonie et la paix intérieures dans nos vies.

En nous engageant dans cette aventure, nous sommes invités à explorer les territoires intérieurs de notre être, à réfléchir sur notre parcours, et à découvrir les moyens de transformer notre vie de manière concrète et durable.

Levons les yeux
Alors que nous tournons la dernière page de ce premier volume, il est temps de porter notre regard vers l'horizon, vers les possibilités infinies que recèle notre voyage de transformation. La conclusion de ce livre n'est pas un adieu, mais une invitation à continuer à marcher, à explorer, et à grandir, armés des enseignements précieux que nous avons découverts ensemble.

L'engagement continu pour l'Éveil
Le chemin vers l'éveil et la réalisation de soi est sans fin. Chaque jour nous offre de nouvelles opportunités pour se confronter aux aspects de notre vie que nous avons peut-être négligés ou évités, pour affronter nos peurs et les transcender, et pour prendre des décisions qui nous rapprochent de notre essence véritable. Paching Hoé ne nous transmet pas des concepts à méditer, mais des appels à l'action, des incitations à embrasser pleinement le potentiel de notre transformation.

L'inspiration pour le futur
En regardant vers l'avenir, je nous invite à voir chaque défi, chaque moment de doute, et chaque succès comme des étapes essentielles sur notre propre chemin de croissance. Puissent les enseignements partagés ici servir d'inspiration et de guide alors que nous naviguons dans la complexité de la vie, cherchant à créer un futur empreint de sens, de joie et de paix intérieure.

Un appel à créer consciemment notre existence
Cet ouvrage est un appel vibrant pour chacun de nous à prendre en main notre destinée, à devenir les artisans conscients de notre propre vie. Il s'agit d'une invitation à vivre pleinement, à réaliser nos

aspirations, et à contribuer de manière significative au monde qui nous entoure. Paching Hoé nous encourage à considérer chaque moment de notre existence comme une opportunité de choisir, de créer, et de célébrer la vie dans toute sa richesse et sa complexité.

Paching Hoé nous rappelle que nous possédons en nous la force, les armes, et la lumière nécessaires pour surmonter les difficultés, pour guérir, et pour progresser. Alors que nous poursuivons notre route, souvenons-nous que nous ne sommes jamais seuls. Les enseignements de Paching Hoé, les récits de ceux qui sont passés avant nous, et notre propre lumière intérieure sont là pour nous guider. Marchons avec confiance vers l'avenir, avec le cœur ouvert et l'esprit éveillé, prêts à accueillir tout ce que la vie nous réserve avec joie, conscience, et responsabilité.

Lexique

Congruence (Carl Rogers)

La congruence, selon le psychologue Carl Rogers, est l'état de cohérence entre les pensées, les sentiments et les comportements d'une personne. Une personne congruente est authentique et transparente, agissant en accord avec ses valeurs et émotions internes. Cette authenticité est essentielle dans les relations interpersonnelles et en psychothérapie, car elle permet une communication ouverte et honnête. En thérapie, un thérapeute congruent crée un environnement sûr et empathique, facilitant la croissance personnelle et le développement de l'estime de soi chez le patient.

Ego

L'ego est la partie de notre esprit qui se perçoit comme un « je » distinct et séparé des autres. Il est à l'origine de notre sentiment d'identité personnelle, ainsi que de la manière dont nous nous voyons et nous comportons dans le monde. Un ego sain est nécessaire pour se réaliser, car il nous donne la confiance en nous et la motivation indispensables pour poursuivre nos objectifs, prendre des décisions et nous affirmer. L'absence d'ego entraîne un manque de confiance en soi, une perte d'identité, une dépendance excessive aux autres et une tendance à la passivité et au conformisme. Un ego trop dominant nous éloigne de notre véritable nature et de notre connexion avec les autres. Paching Hoé enseigne le besoin, non de supprimer notre ego, mais de lui redonner sa juste place.

Être supérieur, Esprit supérieur, Âme

L'Être supérieur est souvent compris comme une version plus élevée et éclairée de soi-même. C'est l'aspect de notre identité qui transcende les préoccupations et les limitations de l'ego, aspirant à des idéaux plus élevés de vérité, de compassion et de sagesse. L'Être supérieur est guidé par des valeurs spirituelles et cherche à aligner notre vie avec notre véritable essence.

L'Esprit supérieur fait référence à un état de conscience avancé et à une capacité intellectuelle et spirituelle raffinée. C'est l'aspect de notre esprit qui est capable de percevoir des réalités plus profondes et de comprendre des vérités universelles. L'Esprit supérieur transcende les pensées ordinaires et les préoccupations quotidiennes, visant à une compréhension plus holistique et éclairée de la vie.

L'âme est souvent considérée comme l'essence éternelle et immatérielle de notre être. Elle est la source de notre vitalité, de nos émotions profondes et de notre véritable identité. L'âme est perçue comme immortelle et reliée à une dimension spirituelle plus vaste. Elle est le siège de notre intuition, de notre conscience morale et de notre aspiration à la transcendance. Paching Hoé, en fonction de son auditoire, utilise également les termes « Être supérieur » et « Esprit supérieur » pour parler de l'âme, mettant en lumière ses différents aspects et dimensions.

Évolution de conscience

L'évolution de la conscience est le processus par lequel une personne élargit et approfondit sa compréhension de soi et du monde. C'est une progression de la perception et de la pensée qui passe d'un état de conscience limité à une conscience plus expansive et éclairée. Le but de cette évolution est d'atteindre une plus grande clarté, sagesse et alignement intérieur, permettant ainsi à l'individu de vivre de manière plus authentique et en harmonie avec son environnement et ses valeurs profondes.

Pour Paching Hoé, l'évolution de la conscience est le but caché de notre expérience de vie. Il croit le plan divin est orienté vers notre évolution de conscience, et que tout ce qui a été créé favorise ce développement. Selon lui, chaque expérience, chaque défi et chaque interaction dans notre vie est conçu pour nous aider à grandir et à élever notre niveau de conscience, nous guidant vers une compréhension plus profonde de nous-mêmes et de l'univers.

Guérison

La guérison est le processus de rétablissement de la santé physique, mentale, émotionnelle ou spirituelle. Elle implique non seulement l'élimination ou la réduction des symptômes de la maladie, mais aussi la restauration du bien-être et de l'équilibre global de l'individu. La guérison peut être facilitée par des interventions médicales, des thérapies psychologiques, des pratiques spirituelles et des changements de mode de vie. Elle est souvent perçue comme un voyage vers la complétude et l'harmonie intérieure, intégrant le corps, l'esprit et l'âme. Pour Paching Hoé, le processus de guérison est le suivant : comprendre, accepter, reconstruire…

Holistique

Le terme « holistique » se réfère à une approche qui considère un système dans sa globalité plutôt qu'en se focalisant sur ses parties individuelles. En psychologie et en médecine, une approche holistique prend en compte l'ensemble de l'individu — corps, esprit et émotions — pour comprendre la santé et le bien-être. Cela signifie qu'on évalue comment les différents aspects de la vie d'une personne (physique, mental, émotionnel, social et spirituel) interagissent et s'influencent mutuellement. L'objectif est de promouvoir un équilibre et une harmonie globale, plutôt que de traiter uniquement des symptômes isolés.

Impermanence (Bouddhisme)

L'impermanence, ou « anicca » en pali, est un concept fondamental du bouddhisme qui souligne que tout dans la vie est transitoire et en constant changement. Rien n'est permanent, que ce soit les objets matériels, les émotions, les pensées ou les situations. Comprendre et accepter l'impermanence aide à réduire l'attachement et la souffrance, car on réalise que tout, y compris les difficultés et les plaisirs, est éphémère. Cette prise de conscience favorise une attitude de détachement et de paix intérieure, permettant de vivre de manière plus équilibrée ct sereine.

Inconscient

L'inconscient est une partie de notre esprit qui contient des pensées, des souvenirs et des désirs dont nous ne sommes pas directement conscients. Il influence nos comportements et nos émotions sans que nous en ayons conscience. Selon Carl Jung, l'inconscient se compose de deux niveaux : l'inconscient personnel, qui contient les expériences et souvenirs individuels, et l'inconscient collectif, qui renferme des archétypes universels partagés par toute l'humanité.

Individuation (Jung)

L'individuation est le processus par lequel une personne devient un être unique et distinct, en réalisant pleinement son potentiel et en intégrant les différents aspects de sa personnalité. Carl Jung voyait l'individuation comme un chemin vers la réalisation de soi, où l'inconscient et le conscient se réunissent pour créer une harmonie intérieure.

Instinct

L'instinct est un comportement inné et automatique qui se manifeste sans apprentissage ou réflexion consciente. C'est une réponse naturelle à ce qui se passe autour de nous, héritée biologiquement et observée chez tous les membres d'une espèce. Par exemple, les bébés ont l'instinct de succion, ce qui leur permet de se nourrir dès la naissance. L'instinct nous guide dans des situations cruciales pour la survie, comme la recherche de nourriture ou l'évitement du danger, et fonctionne souvent en dehors de notre contrôle conscient.

Interdépendance

L'interdépendance est un concept clé en psychologie et en philosophie qui souligne que tous les êtres et phénomènes sont liés et influencent mutuellement leurs existences. En bouddhisme, ce principe est appelé « pratītyasamutpāda », ou « origine dépendante, » et il explique que rien n'existe de manière isolée ; tout est connecté et co-dépendant. Dans la vie quotidienne, l'interdépendance se manifeste dans les relations humaines, les écosystèmes, et les systèmes sociaux et économiques. Reconnaître l'interdépendance favorise une compréhension plus profonde de notre place dans le monde, encourage la compassion et le respect envers les autres, et souligne l'importance de l'harmonie et de la coopération pour un bien-être collectif.

Intuition

L'intuition est la capacité de comprendre ou de savoir quelque chose immédiatement, sans avoir besoin d'un raisonnement conscient. C'est un sentiment ou une pensée spontanée qui semble surgir de nulle part. Carl Jung considérait l'intuition comme une fonction psychologique qui nous permet de percevoir des possibilités et des vérités cachées. Elle fonctionne en arrière-plan de notre esprit, reliant des expériences et des connaissances de manière souvent mystérieuse, mais profondément significative. Selon Paching Hoé, l'intuition est une guidance de notre âme.

Ombre (Jung)

L'ombre, selon Carl Jung, est la partie de notre personnalité que nous préférons cacher ou ignorer. Elle contient les aspects de nous-mêmes que nous considérons comme négatifs ou inacceptables, comme des peurs, des désirs ou des comportements refoulés. Reconnaître et intégrer notre ombre est essentiel pour la croissance personnelle, car cela nous permet de mieux comprendre et accepter toutes les facettes de notre être, conduisant à une vie plus équilibrée et authentique.

Plénitude (Égypte, Bouddhisme)

Égypte ancienne :
La plénitude en Égypte ancienne est souvent liée à l'harmonie et à l'équilibre entre le corps, l'esprit et le cosmos. Les Égyptiens croyaient que vivre en Maât (vérité, justice, harmonie) permettait d'atteindre un état de plénitude et de paix intérieure. Ce concept était central pour une vie équilibrée et une transition sereine vers l'au-delà.

Bouddhisme :
Dans le bouddhisme, la plénitude est atteinte par la réalisation du Nirvana, un état de libération du cycle de la souffrance et des désirs. La pratique de la méditation, de la pleine conscience et du détachement des attachements mondains conduit à un état de paix intérieure, de compassion et de sagesse. La plénitude est ainsi vue comme un éveil spirituel et une union avec la véritable nature de l'esprit.

Psychanalyse

La psychanalyse est une approche thérapeutique et une théorie de la personnalité fondée par Sigmund Freud. Elle étudie l'inconscient, les rêves, les souvenirs refoulés et les conflits internes pour comprendre et traiter les troubles mentaux. La psychanalyse utilise des techniques comme l'association libre, l'analyse des rêves et l'exploration des expériences passées pour amener les éléments inconscients à la conscience, favorisant ainsi la guérison et la compréhension de soi.

Psyché

La psyché est un terme qui désigne l'ensemble des aspects mentaux et émotionnels de l'esprit humain. Il englobe les pensées, les sentiments, les rêves, les souvenirs et les désirs. Dans la psychologie analytique de Carl Jung, la psyché inclut le conscient et l'inconscient, avec des éléments comme l'ego, l'ombre, l'animus/anima et le soi. La psyché est vue comme un système dynamique en interaction constante, influencé par des forces internes et externes, et jouant un rôle crucial dans la formation de notre identité et de notre comportement.

Psychiatrie

La psychiatrie est une branche de la médecine qui se concentre sur le diagnostic, le traitement et la prévention des troubles mentaux, émotionnels et comportementaux. Les psychiatres sont des médecins spécialisés qui peuvent prescrire des médicaments, effectuer des thérapies, et intervenir médicalement pour traiter des conditions telles que la dépression, l'anxiété, la schizophrénie, et les troubles bipolaires. Leur approche combine souvent des méthodes biologiques, psychologiques et sociales.

Psychologie

La psychologie est l'étude scientifique du comportement et des processus mentaux. Elle couvre un large éventail de domaines, y compris la cognition, le développement, les émotions, les relations sociales et la santé mentale. Les psychologues peuvent travailler dans divers contextes, tels que la recherche, l'enseignement, les services de santé, et les organisations. Contrairement aux psychiatres, les psychologues ne prescrivent généralement pas de médicaments, mais utilisent des techniques de thérapie et de counseling pour aider les individus à comprendre et à modifier leurs comportements et pensées.

Relation entre l'inconscient et le conscient

L'inconscient et le conscient sont deux aspects de notre esprit qui interagissent en permanence. L'inconscient contient des pensées, des souvenirs, des désirs et des expériences qui ne sont pas immédiatement accessibles à notre conscience, mais qui influencent fortement nos comportements et émotions. Le conscient, par contre, est la partie de notre esprit qui traite activement les informations dont nous sommes actuellement conscients. L'interaction entre ces deux parties de l'esprit est essentielle pour notre bien-être mental. Par exemple, lorsque des contenus inconscients deviennent conscients, nous pouvons mieux comprendre nos motivations profondes et résoudre des conflits internes, favorisant ainsi une croissance personnelle et une plus grande harmonie intérieure.

Souffrance

En psychologie, la souffrance est une expérience désagréable et subjective qui peut être physique, émotionnelle ou mentale. Elle résulte souvent de situations de stress, de traumatisme, de perte ou de conflit interne. La souffrance émotionnelle peut se manifester sous forme de tristesse, d'anxiété, de colère ou de désespoir. Elle est considérée comme une réponse naturelle aux difficultés de la vie, mais elle peut devenir problématique si elle est intense ou prolongée, affectant ainsi le bien-être mental et la qualité de vie. Pour Paching Hoé, la souffrance est le principal moteur de l'évolution de conscience.

Spiritualité

La spiritualité est une dimension de l'existence humaine qui concerne la recherche de sens, de connexion et de transcendance. Elle dépasse souvent les doctrines religieuses et se manifeste dans la quête personnelle de compréhension et d'harmonie avec soi-même. Elle vise à nourrir l'âme, à développer une conscience plus profonde et à vivre en accord avec des valeurs spirituelles telles que l'amour, la paix et la vérité.

Paching Hoé insiste sur le fait que la spiritualité est individuelle, la religion est collective. Pour lui la démarche spirituelle se définit par : « je cherche, je doute ». Quant à la religion, c'est : « je sais, j'ai raison, tu as tort.... ce n'est pas négociable ». Cette démarche favorise l'excès d'ego, le sentiment de supériorité, tandis que l'autre favorise l'évolution de conscience.

Surmoi (Freud)

Le surmoi est un concept en psychanalyse, introduit par Sigmund Freud, qui représente la partie de notre esprit où se trouvent les normes, les valeurs et les interdits moraux intériorisés. Il agit comme une sorte de conscience, guidant nos comportements en fonction des règles et des standards appris, souvent pendant l'enfance, à partir des parents et de la société. Le surmoi cherche à contrôler les impulsions instinctives et biologiques, pour les conformer à ces normes morales. Il joue un rôle crucial dans la formation du caractère et du sens moral de l'individu, mais peut aussi conduire à des sentiments de culpabilité ou de honte lorsque les comportements ne correspondent pas aux attentes internes.

Voie du Milieu (Bouddhisme)

La Voie du Milieu, dans le bouddhisme, est le chemin équilibré entre les extrêmes de l'indulgence excessive et de l'austérité sévère. Enseignée par le Bouddha, elle recommande de vivre avec modération et sagesse, en évitant les excès et les privations. Cette approche mène à la sérénité et à l'éveil spirituel, en cultivant des attitudes de compassion, de patience et de compréhension, tout en suivant le Noble Sentier Octuple, qui guide vers une vie éthique, méditative et sagesse. Selon Paching Hoé, la Voie du Milieu est synonyme d'équilibre. Tout ce qui est excessif dans la démarche spirituelle nourrit l'ego et ne dure pas, entraînant une baisse d'estime de soi. Bouddha recommande donc une action raisonnable et respectueuse de son bien-être, intégrant la notion de temps. Paching Hoé souligne constamment que « tout n'est qu'une question de temps ». Cela signifie que la patience et le respect de son propre rythme sont essentiels pour une croissance spirituelle authentique et durable.

Votre Avis Compte et Contribue au Succès de Notre Livre !

Laissez un commentaire sur Amazon pour partager votre expérience de lecture.

Vos avis nous sont précieux et nous sommes reconnaissants de votre soutien.

Chaque commentaire nous aide à améliorer notre travail et permet à d'autres lecteurs de découvrir notre livre.

Merci pour votre soutien,

Paching Hoé Lambaiho

Pour contacter les auteurs:

Marie Chieze

parolesdechamane@protonmail.com

Conception : Paching Hoé & Marie Chieze
Composition et mise en page : Marie Chieze, juin 2024

Made in United States
North Haven, CT
29 August 2024

56696584R10124